Ursula Fassbender

Holger Schumacher

Starke
Kinder
wehren
sich

Ursula Fassbender | Holger Schumacher

Starke
Kinder
wehren
sich

Prävention gegen Gewalt:
Das Kindersicherheitstraining

Fotos von Bernd Müller
Illustrationen von Lee Barlage

Kösel

Wichtiger Hinweis

Die Inhalte dieses Buches beruhen auf sorgfältigen Recherchen und der jahrelangen Erfahrung aus Holger Schumachers Kindersicherheitstrainings. Alle Leserinnen und Leser sind jedoch aufgefordert, selbst zu entscheiden, inwieweit sie die Anregungen aus diesem Buch umsetzen wollen. Eine Haftung der Autoren oder des Verlages ist ausgeschlossen.

© 2004 by Kösel-Verlag GmbH & Co., München
Printed in Germany. Alle Rechte vorbehalten
Druck und Bindung: Kösel, Kempten
Umschlag: Kaselow Design, München
Umschlagmotiv: Bernd Müller, Augsburg
ISBN 3-466-30645-0

Gedruckt auf umweltfreundlich hergestelltem Werkdruckpapier
säurefrei und chlorfrei gebleicht)

Inhalt

Vorwort

Zur Entstehung dieses Buches

Sie, liebe Leserin und lieber Leser, wollen Ihre Kinder mit dem Gefühl in den Tag und die Zukunft schicken:

● **Das Leben ist schön!**

Das kann wahr sein, sofern wir die entsprechenden Lebensbedingungen vorfinden oder uns schaffen können. Das Leben ist ein ständiger Entwicklungsprozess. An welchen Punkt auch immer Sie in diesem Prozess gerade stehen, werden Sie dasjenige Kapitel in diesem Buch finden, das Ihnen dabei am meisten Anregung und Unterstützung geben kann.

Wenn Sie dieses Buch in der Hand halten, haben Sie meist einen Grund, sich mit dem Thema »Kinderschutz und Kindersicherheit« zu beschäftigen. Sie lieben Ihr Kind und wollen es davor bewahren, dass jemand es verletzt – körperlich und seelisch. Sie wollen auch, dass es stark wird und sich selbst wehren kann, denn schließlich können Sie nicht in jedem Moment bei ihm sein. Vielleicht denken Sie an die bevorstehende Einschulung oder Ihr Kind ist bereits in der Schule und Sie haben möglicherweise schon ähnliche Vorfälle erlebt wie folgende Situationen:

■ **Ein Junge wird in der großen Pause auf dem Schulhof von einem Mann angesprochen, der ihn überreden will, mit zu seinem Auto zu kommen.**

Ein Mädchen aus der ersten Klasse wird auf den Nachhauseweg angesprochen und ausgefragt. Es gibt bereitwillig Auskunft, auch darüber, wie lange es nach der Schule alleine daheim ist.

Vor der Grundschule parkt über einen längeren Zeitraum jeden Morgen ein verdächtiges Fahrzeug, in dem ein Mann sitzt und die Kinder beobachtet. Erst nachdem die Polizei den Fahrer kontrolliert hat, wird er nicht mehr gesehen.

Eine Mutter aus dem Kindergarten äußert die Sorge, im Schwimmkurs ihres Sohnes kämen sexuelle Übergriffe vor. Die Jungen verhielten sich nach ihrer Meinung nach dem Unterricht seltsam.

Angesichts der gehäuften Gewaltverbrechen an Kindern und der erschreckenden Statistik über sexuelle Gewalt an Kindern wird dieser Missstand von den Medien in zahlreichen Publikationen aufgegriffen. Sexualdelikte und Kindesentführungen »auf Bestellung« pädokrimineller Gewalttäter sind eine Perversion, die Mütter und Väter zutiefst beunruhigt.

Vielleicht denken Sie aber auch noch an andere Bedrohungen und Verletzungen, denen Ihr Kind in der Nachbarschaft und in seinem nahen Umfeld ausgesetzt ist:

■ **Der neunjährige Simon spielt mit Freunden vor dem benachbarten Einfamilienhaus. Sie haben ihre Cityroller dabei und probieren neue »Fahr-Kunststücke«. Der Nachbar fühlt sich gestört. Er packt einen der Roller und knallt diesen mit dem Metall-Lenker so fest auf den großen Zeh von Simon, dieser stark blutet.**

Tatjana, Stefanie, Antonia und Markus gehen in die erste Klasse. Sie wohnen in benachbarten Häusern in einer Wohnanlage. Eines Nachmittags beobachten sie eine dicke Kröte, die in einem vergitterten Kellerschacht hockt. Die Bewohnerin der darüber liegenden Parterrewohnung fühlt sich beim Lesen gestört und schreit die Kinder an, sie sollten sofort von ihrem Grundstück gehen, sonst würde sie die Polizei holen. Wie alle anderen Bewohner auch ist sie Mieterin in einem Mehrfamilienhaus mit mindestens 20 Parteien. »Ihr Grundstück« ist eine Wiese, die auch den Kindern zum Spielen zur Verfügung steht.

Wer Kinder hat, weiß, dass dies keine Ausnahmen sind. In fast jedem Mehrfamilienhaus oder in der Nachbarschaft gibt es »kinderfeindliche« Personen, die sich über jede Kleinigkeit beschweren, sobald die Kinder nur einmal durch den Hausgang laufen. In unserer Kultur Kind zu sein ist nicht nur angenehm. Jedes Kind, das eine Mutter und einen Vater und ein privates Umfeld hat, in dem es Unterstützung und Rückendeckung bekommt, hat das Glück und die Chance, dass diese alltäglichen Anfeindungen und Verletzungen sein Vertrauen und seine Lebensfreude nicht dauerhaft beeinträchtigen.

Aber auch für Mütter und Väter bedeutet das, unmittelbar mit Gewalt konfrontiert zu sein und Reaktionen entwickeln zu müssen. Auch Erwachsene reagieren »menschlich« auf gewalttätiges Verhalten. Sie fühlen sich ebenso beklemmt, haben Herzklopfen oder werden selbst aggressiv, wenn ihre Kinder von Nachbarn oder anderen Personen in der oben beschriebenen Weise attackiert werden. Oder sie bekommen selbst Angst, stecken den Kopf in den Sand und gehen über die Sache hinweg. Besonders für viele Mütter gilt, wer ihre Kinder angreift, greift auch die Mutter an (und umgekehrt).

Wenn wir uns also auf den Weg machen, unsere Kinder zu stärken, sind auch wir Erwachsenen mitten in einem Entwicklungsprozess. Wir lernen mit unseren Kindern, uns gegen Übergriffe zu wehren. Dafür ist es notwendig, sich anzuschauen, was Gewalt ist und wie wir selbst sie in unserem Leben bisher womöglich erfahren haben und wie wir sie jetzt erleben und mit ihr umgehen.

Vielleicht hören wir als Eltern selbst zum ersten Mal deutlich im Kindersicherheitstraining, wo Gewalt beginnt und dass jeder Mensch das Recht auf ein gewaltfreies Leben und auf Schutz vor jeglicher Gewalt hat. Das ist ein Menschenrecht!

Kinder sind unsere Lehrmeister, indem sie uns in Situationen bringen, die uns herausfordern. Wenn wir noch nicht genau wissen oder Schwierigkeiten haben, wie wir mit ihrem Verhalten umgehen sollen, lernen und entwickeln wir uns selbst. Kinder sind auch unser Spiegel. Wenn sie bedroht werden wie in den oben geschilderten Fällen, löst das auch bei uns eine Kette von Gefühlen und Verhaltensweisen aus. Wir erleben die Bedrohung selbst und fühlen mit unserem Kind mit, weil wir unsere eigenen Gefühle spüren.

Gewaltprävention kann daher nicht darauf beschränkt bleiben, Kinder in einen Kindersicherheitskurs zu schicken, wenn wir nicht auch zu Hause und in unserer Gesellschaft Veränderungen zur Gewaltfreiheit und klaren Grenzziehungen gegen Gewalt und Bedrohung bewirken.

Das Kindersicherheitstraining dient wie der Schwimmkurs oder die Stunde, in der das Kind ein Instrument spielen lernt, zur praktischen Einübung. Das Kind kann anhand praktischer Methoden üben, sich in bestimmten Situationen richtig zu verhalten.

Die Inhalte der Kindersicherheitsschulung stellen die Selbstbehauptung und die Sensibilisierung zur Gefahrenerkennung und -vermeidung in den Vordergrund. Kinder sollen ihre eigenen Stärken und Ressourcen erkennen, diese anwenden lernen und Kompetenz entwickeln, um in angst- oder stressbesetzten Situationen angepasst und selbstsicher handeln zu können. Die Kinder werden mit Spaß und dem nötigen Ernst stark gemacht, ohne geängstigt zu werden. Weitere Informationen zum Training lesen Sie ab Seite 62.

Dieses Konzept bezieht Mütter und Väter mit ein, die diese Inhalte in der Erziehung ihrer Kinder vermitteln können. Wir nennen sie »präventive Erziehung«. Deshalb wurde dieses Buch in aller notwendigen Tiefe geschrieben.

Wenn Ihr Kind schwimmen lernen soll, beschränken Sie sich auch nicht darauf, ihm die Schwimmbewegungen zu erklären, sondern gehen mit ihm tatsächlich ins Schwimmbad, in den See oder ins Meer. Doch wenn Mütter und Väter nicht ebenfalls im übertragenen Sinne »schwimmen« lernen, können sie ihr Kind nicht auf seinem Weg begleiten.

Auch aus diesem Grund entstand unser Buch. Es will eine Entwicklung bei Müttern und Vätern und anderen beteiligten Erwachsenen in Gang setzen, als Voraussetzung für einen grundsätzlichen Wandel im Umgang mit Gewalt und eine andere Haltung in der Kindererziehung. Erst dann werden Mütter, Väter und andere an der Kindererziehung mitwirkende Personen in einem veränderten gesellschaftlichen Klima ihre Kinder so erziehen, dass ihre Kinder als selbstbewusste, starke und eigenständige Persönlichkeiten, die mit allen Menschenrechten ausgestattet sind, auftreten können.

Zum Umgang mit diesem Buch

Obwohl es absolut positiv ist, sich mit Kindersicherheit zu beschäftigen und sich dafür einzusetzen, ist dieses Engagement für viele Mütter und Väter mit einer Konfrontation verbunden, die für manche nicht ganz einfach ist. Schließlich befassen Sie sich nicht mit Sicherheit für Ihre Kinder, weil wir im »Paradies« leben, sondern weil es konkrete Bedrohungen für Ihre Kinder gibt. Diese Bedrohungen sind auf einen Nenner gebracht körperliche und psychische Gewalt.

So wie wir nicht das Wasser weglassen können, wenn wir unseren Kindern das Schwimmen beibringen, ohne dabei die Gefahren des Wassers wie beispielsweise die Tiefe, die Strömung, starke Brandung usw. zu vernachlässigen, so können wir nicht die Ursachen für unser Bedürfnis, unsere Kinder zu schützen, beiseite schieben. Einer Gefahr können wir nur richtig begegnen, wenn wir sie kennen.

Gewalt zu erkennen und zu benennen ist gar nicht so klar, wie es auf den ersten Blick scheint. Praktisch bedeutet dies, nicht das Wissen aus dem Kindersicherheitstrainings allein schützt Ihr Kind, sondern Ihre präventive Erziehung. Mütter und Väter, die präventiv erziehen, verändern die Welt in Richtung Gewaltfreiheit ganz automatisch, indem sie sich auch selbst verändern. Sie können Gewalt dann nicht mehr dulden und ziehen klare Grenzen, denn:

● **Gewalt ist kriminell!**

Aus der Erfahrung des Kindersicherheitstrainings und der konkreten Situation von Kindern in unserer Zeit und Kultur hat es sich als wichtig erwiesen, dass die beteiligten Erwachsenen in dieser Thematik ihre eigene Perspektive und ihre eigene Haltung ändern. Das wird nicht immer ganz einfach sein und nicht auf Anhieb gelingen. Gerade was Gewalt und Übergriffe, das heißt »Grenzverletzungen« und »Grenzüberschreitungen«, anbelangt, löst dies bei den Müttern und Vätern viele unterschiedliche Gefühle aus, angefangen von Widerstand, Widerwillen, Verdrängung bis hin zu Angst, Ohnmacht, Wut und tiefer Betroffenheit.

In diese Betroffenheit müssen wir Mütter und Väter selbst kommen, denn daraus entsteht die Motivation zu Veränderung. Darauf folgt in logischer Konsequenz die Prävention, denn erst wenn wir wirklich etwas ändern wollen, können wir auch an der Vorbeugung arbeiten.

Aus dieser Erkenntnis heraus entwickelte sich der Aufbau dieses Buches. Es liegt an jedem Einzelnen, in welcher Reihenfolge sie oder er dieses Buch liest. Deshalb haben wir das Inhaltsverzeichnis sehr ausführlich gestaltet, damit Sie die Themen, die Ihnen gerade am wichtigsten sind, leicht finden können. Sie können überall im Buch beginnen und sich auf Ihre individuelle Weise an das Thema herantasten, denn es berührt und umfasst viele andere Lebensbereiche und fast alle Erziehungsfragen. Denn was ist Erziehung anderes, als dass Erwachsene Kindern beibringen, wie das Leben heutzutage funktioniert, und ihnen dabei die Freiheit lassen, es selbst auszuprobieren.

Zum Aufbau des Buches

Sie sind bereits motiviert, Ihre Kinder stärken und schützen zu wollen. Sonst hätten Sie dieses Buch nicht in der Hand. Ihre Kinder und Sie selbst sind es wert, mehr Sicherheit und Schutz für Ihre Familie einzufordern.

Dabei wollen wir Sie mit unserer Erfahrung und unserem Wissen, das aus einem langen Prozess der Beobachtung, Entwicklung und Neuorientierung und den Erfahrungen aus einem weiten Netzwerk von Müttern, Vätern und Kindern gewachsen ist, unterstützen.

Damit Sie als Mutter oder Vater mit Ihren Kindern »trainieren« können, haben wir in einzelnen Kapiteln Kinderseiten eingefügt, die mit den Kindern gemeinsam angeschaut werden können. Ebenso finden Sie eigens markierte Kästen mit Inhalten und Zielen, die Ihnen anhand von praktischen, realitätsbezogenen Tipps und Übungen aufzeigen, wie Sie Ihre Kinder von Geburt an präventiv erziehen können.

Manche Leute möchten zunächst mehr Hintergrundinformation zum Thema, andere wollen gleich mehr in die Praxis einsteigen. Das Buch wurde so aufgebaut, dass es ganz Ihnen überlassen ist, ob Sie mit Teil 1, 2 oder 3 beginnen oder ob Sie einzelne Kapitel in beliebiger Reihenfolge lesen wollen.

Die Abfolge der Kapitel entstand aus der Erfahrung, dass erst das Wissen um die Realität von Gewalt und Bedrohung eigene Betroffenheit hervorruft und meist den dringenden Wunsch nach Veränderung weckt. Erstaunlich ist auch, wie wenig Menschen ihre eigenen Rechte und die ihrer Kinder auf Intimsphäre und Sicherheit von Leib und Seele kennen.

Durch die Beschäftigung mit diesen äußeren Wirklichkeiten kommen wir zum inneren Geschehen, das heißt unserer Reaktion darauf. Welche Möglichkeiten haben wir uns bisher geschaffen, darauf zu reagieren, und welche neuen Perspektiven könnten wir uns eröffnen – und unseren Kindern beibringen.

An diesem Punkt angelangt, befinden wir uns mitten in Teil 3, der Prävention. Kinder stark machen können wir nur, wenn wir eine veränderte Haltung eingenommen haben. Das ist der Kern der präventiven Erziehung. Unsere Kinder brauchen von uns:

● **Achtsamkeit, Schutz und Unterstützung**

Wenn wir unseren Kindern aus dieser Haltung heraus begegnen, haben sie die Chance, dass ihr Leben jetzt und in der Zukunft tatsächlich schön für sie ist.

An dieser Stelle möchten wir allen hoch qualifizierten Menschen danken, die an der Entwicklung des Trainings mitgewirkt haben, und bezüglich der Arbeit an den nestbezogenen Inhalten ganz besonders herzlich Gudrun Hausting.

Ursula Fassbender   Holger Schumacher

Einführung

Wo wir heute in Sachen Gewaltprävention stehen

Körperlicher, sexueller und seelischer Missbrauch und die unterschiedlichen gewalttätigen Übergriffe gegen Kinder sind nicht nur außerhalb, sondern auch in den Familien und im engeren Umfeld der Kinder an der Tagesordnung. Die Zuflucht von Frauen und Kindern in bereits überfüllte Frauenhäuser nimmt in so genannten zivilisierten Ländern nicht etwa ab, sondern zu.

Aus einem vom Bundesjustizministerium herausgegebenen Dossier der Arbeitsgruppe »Kinder und häusliche Gewalt« vom Dezember 2001 (siehe Anhang) geht hervor, dass in der Bundesrepublik Deutschland *Gewalt passiert nicht nur auf der Straße.* »7 bis 10 Millionen Frauen in ihrem Leben von häuslicher Gewalt betroffen« sind und mit ihnen ihre Kinder! Wissenschaftliche Studien aus unterschiedlichen Ländern haben nachgewiesen, dass Männer, die ihre Partnerinnen misshandeln, auch Gewalt gegenüber den Kindern ausüben.

Öffentliche Institutionen wie Polizei und Jugendämter und Organisationen gegen Gewalt und Kindesmissbrauch versuchen mit verschiedenen Aktionen, zum Schutz der Kinder beizutragen. Inzwischen gibt es gute Informationen über Täterstrategien und auch Hilfsmöglichkeiten für Gewalt- und Missbrauchsopfer.

Das seit Januar 2002 in Kraft getretene Gewaltschutzgesetz hat zumindest ein paar Grundlagen zum Schutz für Frauen vor Männergewalt geschaffen. Diese werden aber durch die tatsächliche Handhabung der Gerichte des Sorge- und Umgangsrechts wieder ausgehebelt, da Täter-Väter weiterhin allein durch das aufgrund biologischer Vaterschaft erworbene »Recht am Kind« weiterhin Gewalt in die Familie tragen können.

Laut der Untersuchung »Kinder und häusliche Gewalt« sind Kinder von diesem Gewaltschutzgesetz ausgenommen. Wenn sie Opfer von häuslicher Gewalt ihrer Väter oder anderer sorgeberechtigter Personen werden, gelten für sie gemäß § 3 GewSchG (Gewaltschutzgesetz) nur die kindschaftsrechtlichen Vorschriften. Kinder können keine Schutzanordnungen für sich einklagen. Von MitarbeiterInnen in den beteiligten Institutionen wird die körperliche oder psychische Gewalt des Täter-Vaters ausgeblendet in der Meinung, dies habe mit dem Kind und der »Erziehungsfähigkeit« des leiblichen Vaters nichts zu tun. Die Wahrnehmung der Folgen von erlebter Gewalt gegen das Kind und die Mutter und deren Bedrohung durch den Täter-Vater fehlen in der Sozialarbeit, Psychologie und Justiz fast vollkommen. In der Realität bedeutet dies nach derzeitigem Recht (Stand 2003), die betroffenen Kinder können per Gerichtsbeschluss und gegen ihren Willen zum Kontakt mit gewalttätigen Vätern (Täter-Vätern) gezwungen werden.[1]

Die Arbeitsgruppe des Bundesministeriums der Justiz nimmt Bezug auf Frauen- und Kinderschutz, auf Grundrechte und Kinderrechte gemäß der EU-Kinderrechtekonvention. Hiernach haben Kinder zumindest auf dem Papier das Recht auf körperliche und seelische Unversehrtheit, also auf eine gewaltfreie und glückliche Kindheit. Wörtlich heißt es in § 1631, Abs. 2, BGB (Bürgerliches Gesetzbuch): »Kinder haben ein Recht auf gewaltfreie Erziehung. Körperliche Bestrafungen, seelische Verletzungen und andere entwürdigende Maßnahmen sind unzulässig.«[2]

Ihre Mütter stehen ebenfalls im Grundgesetz unter besonderem Schutz. »Jede Mutter hat Anspruch auf den Schutz und die Fürsorge der Gemeinschaft.« (§ 6, Abs. 4 GG) So wird der Anschein erweckt, als sei hierzulande doch alles bestens geregelt. Doch davon sind wir noch weit entfernt.

Es gibt jedoch auch erfreuliche Entwicklungen, die sich vielerorts abzeichnen. Zunehmend werden Mütter und Väter selbst aktiv und stärken ihre Kinder, sodass diese in bedrohlichen oder grenzverletzenden Situationen nicht in eine passive Rolle gezwängt bleiben. Obwohl sie der körperlichen Kraft eines Erwachsenen immer unterlegen sein werden, müssen sie kein »klassisches Opfer« für Gewalttäter

Starke Kinder brauchen aktive Eltern.

mehr sein. Unsere Kinder stark machen, damit sie sich wehren können, ist ein Weg zur Gewaltprävention und ein Beitrag zum Kinderschutz. Das enthebt uns jedoch nicht der Verantwortung, weiterhin wach und bewusst für immer mehr körperliche und seelische Sicherheit für unsere Kinder zu sorgen.

Dieses Buch ist eine im Familienalltag praktikable Präventionshilfe für Mütter und Väter und Kinder. Hier bekommen Mütter und Väter die notwendigen Hintergrundinformationen, um ihre Kinder so stark zu machen, dass sie sich im außergewöhnlichen Ernstfall, aber auch in alltäglichen Konfliktsituationen wehren können.

Mütter und Väter brauchen nicht nur Informationen, um Gefahren erkennen zu können, sondern vor allem eine Orientierung, wie sie ihre Kinder sinnvoll auf Gefahren aufmerksam machen können, ohne sie zu ängstigen. Dazu ist es notwendig, dass zuallererst die Mütter und Väter, aber auch Personen aus Berufsgruppen, die Kinder in Kindergärten und Schulen betreuen, bewusst und kompetent mit der Problematik umgehen können.

Darüber hinaus wäre es wichtig, wenn diese präventive Erziehungshaltung auch in den Kindergärten, Schulen und anderen Kinderbetreuungseinrichtungen unterstützt würde. Vorbeugende Erziehung sollte nicht nur im Elternhaus, sondern auch im Kindergarten und in der Schule praktiziert werden. Eltern können diesen Wunsch bei einem Elternabend oder im Elternbeirat vorbringen. Viele ErzieherInnen und LehrerInnen haben es dann leichter, Themen wie Prävention vor Gewalt, sexuellen Übergriffen und Missbrauch bei ihrem Träger oder Vorgesetzten anzuregen, wenn sie auf den ausdrücklichen Wunsch der Eltern hin aktiv werden.

Auch wenn die meisten Mütter und Väter ihre Kinder heute so erziehen, dass sie ein gesundes Selbstbewusstsein entwickeln und gut ihre Grenzen setzen können, fehlt ihnen selbst oft ein praxisnahes Repertoire für gefährliche, tabuisierte Ausnahmesituationen, das sie ihren Kindern vermitteln können. Wird ein Kind nun mit einer solchen Situation konfrontiert, hat es ein doppeltes Risiko: Zum einen verspürt es die aktuelle Angst und zum anderen hat es keinen Erfahrungsschatz, auf den es zurückgreifen kann.

Kinderschutz beginnt im täglichen Miteinander in der Familie, im Verhalten der Mütter und Väter zu ihren Kindern, in ihrer Erziehung und den Entwicklungsmöglichkeiten, die sie ihren Kindern bieten.

Wenn Kindern eine klare Wertorientierung fehlt, wenn sie nicht lernen, ihre Gefühle auszudrücken, wenn sie kein gesundes Unterscheidungsvermögen zwischen gut und schlecht und dem, was ihnen gut tut und schadet, entwickeln können, fehlt ihnen auch das Gefühl für den eigenen Wert und die Möglichkeit, diesen beispielsweise dadurch auszudrücken, dass sie den Mut haben, sich zu wehren. So werden sie leichter zum Opfer. Um gut im Leben zurechtzukommen und darin ihren festen »Stand« zu finden, brauchen Kinder eine gesunde Persönlichkeit und soziale Kompetenz.

Im Hinblick auf Gewalt und Machtausübung besonders auch in Form von sexuellen Übergriffen und Missbrauch sind Kinder darauf angewiesen, dass ihre Mütter und Väter ihr bisheriges Rollenverhalten und die vorherrschende gesellschaftliche Ideologie hinterfragen. Eine Gesellschaft, in der Fachleute bei Kindesmissbrauch immer noch von einer Dunkelziffer von weit über 90 Prozent ausgehen[3], hat dringenden Handlungsbedarf, dieses Tabu zu brechen und Bedingungen zu schaffen, die diesen Missstand beenden.

Teil 1   Wie unsere Kinder stark werden

Kinderrechte und Kinderschutz

Das Recht auf gewaltfreie Erziehung

Kinderrechte sind noch lange nicht selbstverständlich, obwohl das Überein-kommen über die Rechte des Kindes bereits am 20. November 1989 von der Vollversammlung der Vereinten Nationen verabschiedet und in der BRD am 5. April 1992 in Kraft getreten ist.

Es ist noch nicht lange her, dass das Gesetz von der »väterlichen Erzie-hungs-Gewalt« sprach. Erst 1979 wurde dieser Begriff durch »elterliche Sorge« ersetzt.

Auch Mütter und Väter, die ihre Kinder aufrichtig lieben und ihre gute Ent-wicklung fördern, versäumen es oft, sich über die konkrete Stellung ihres Kin-des in der Gesellschaft Gedanken zu machen und ihre Kinder im Bewusstsein ihrer Rechte im Alltag zu stärken.

Die Kinderrechte enthalten unter anderem das Recht des Kindes, dass seine Mutter und sein Vater die Verantwortung für sein Wohl übernehmen (Art. 18). Dazu gehört, dass laut Kinderrechtekonvention sein Wille berücksichtigt wird (Art. 12), es Meinungsfreiheit besitzt (Art. 13), seine Privatsphäre und seine Ehre geschützt sind (Art. 16) und es vor Gewaltanwendung, Misshandlung und Ver-wahrlosung (Art. 19) und sexuellem Missbrauch geschützt wird (Art. 34).

Schutz vor Gefahren, die Kindern durch Gewalt innerhalb der Familie dro-hen, genießen Kinder durch das Strafrecht. § 223b regelt die Misshandlung Schutzbefohlener, § 170d die Verletzung der Fürsorge und der Erziehungspflicht, § 174 den sexuellen Missbrauch von Schutzbefohlenen, § 177 Vergewaltigung, § 178 sexuelle Nö-tigung, § 179 sexuellen Missbrauch Widerstandsunfähiger und § 180a, Abs. 4 StGB die Förderung der Prostitution Minderjähriger.

Nur wer seine Rechte kennt, kann sie einfordern.

Die Umsetzung dieser Rechte in der Realität ist derzeit noch nicht gewährleistet und die Strafverfolgung bei Verbrechen gegen Kinder schützt Täter und nicht die Opfer. Unter diesen Umständen ist es auch unter diesem Gesichtspunkt besonders wichtig, dass Kinder von klein auf über ihre Rechte Bescheid wissen.

Eine für die verschiedenen Altersstufen der Kinder entworfene Broschüre mit dem Titel »Meine Rechte« (siehe Anhang) vermittelt: Alle Kinder haben das Recht, Informationen über ihre Rechte zu bekommen. Dazu zählt auch das Recht, ohne Angst und Gewalt zu leben. Dies sollten alle Kinder und ihre Mütter und Väter und alle, die Kinder und ihre Familien unterstützen, wissen! Denn seine Rechte zu kennen gibt Handlungsspielraum, selbst wenn ihre Durchsetzung nicht sicher ist. Rechte können eingefordert und eingeklagt werden. Sie nicht zu kennen bedeutet Ohnmacht und Hilflosigkeit.

Kinder sind von Natur aus Lebens- und Überlebenskünstler. Ein gesundes Kind ist stark, kreativ und auf höchstem Niveau lernfähig. Wer jemals bewusst ein Kind erzogen hat, weiß, dass sich das Kind unter günstigen Umweltbedingungen so entwickelt, dass es in jedem Augenblick seines Lebens gut für sein körperliches und seelisches Wohl sorgt. Auf diese Bedingungen haben Kinder ein Recht – und darauf, dass ihre Mütter und Väter für diesen Nestschutz Sorge tragen.

Jahrtausendelang wurde das Überleben der Menschheit durch den Plan garantiert, dass aus der natürlichen Mutter-Kind-Symbiose ein eigenständiges, selbstbewusstes und in jeder Hinsicht lebensfähiges Kind hervorgeht. Der Nestschutz gibt dem Kind das Gefühl einer kontinuierlichen Verbundenheit, die beim Erwachsenen nur in der Religion, in der er sich mit der spirituellen Welt verbindet, in dem Gefühl, in ein größeres, sinnvolles Ganzes eingebettet und dort gut aufgehoben zu sein, empfunden wird. Mit ihrem Schutz gibt die Mutter ihrem Kind eine einmalige Chance, all seine Anlagen von Geburt an wesensgemäß und optimal zu entfalten.

Fehlt dieser Schutz, bleiben ein Defizit und große Unsicherheit. Später muss das Fehlende zur seelischen Heilung, zur »Ganzwerdung«, oft mit viel Mühe (und Trauerarbeit) nachgeholt werden. Die Lücke wird vielleicht durch andere

Mutterfiguren wie eine mütterliche Freundin ausgefüllt. Das Gefühl des Vertrauens findet der Betroffene als Erwachsener womöglich in einer spirituellen Praxis. Dies wäre ein erfolgreicher Heilungsprozess.

Oft macht die »Lücke« jedoch krank und der fehlende Selbstschutz hat erst einmal eine lange Serie von leidvollen Erfahrungen zur Folge, sodass es ein langer Weg bis zur Ganzwerdung ist.

Die Zugehörigkeit des Vaters zur Familie wird durch seine die Mutter und das Kind in ihrem aufeinander bezogenen Entwicklungsprozess unterstützende und ergänzende Haltung bedingt. Hier kann er seine positive und fördernde Rolle finden. Nestrelevantes Verhalten bei Vätern bedeutet, allen Familienangehörigen, also der Mutter und den Kindern, Achtsamkeit, Schutz und Unterstützung zu geben.

Kinder können die Inspirationen und Werte, die sie von ihren Müttern und Vätern vermittelt bekommen, unglaublich schnell und intuitiv auffassen und umsetzen. Für Menschenrechte (und das heißt auch Kinderrechte) haben Kinder ein tief inneres Verständnis, da es sich hier um Gewährleistungen des menschlichen Wohls und im Wesentlichen um eine Übertragung einer natürlichen Ordnung auf die menschliche Gesellschaft handelt. Sie sind in jedem Menschen mit einer intakten Psyche angelegt.

Kinder haben auch einen klaren Instinkt dafür, was ihnen gut tut und was ihnen schadet. Wenn ihre Bedürfnisse befriedigt werden, ihr Schutz gewährleistet ist und ihre Weiterentwicklung gefördert wird, gedeihen sie gut. Wenn sie bedroht, gestört, verletzt und geschädigt werden, reagieren sie mit Angst und Regression. Das bedeutet, sie entwickeln sich sogar zurück.

Jedes Kind hat Rechte

- ICH HABE DAS RECHT, KEINE ANGST HABEN ZU MÜSSEN!
- ICH HABE DAS RECHT, MEINE MEINUNG ZU SAGEN UND MITZUENTSCHEIDEN!
- ICH HABE DAS RECHT, NEIN ZU SAGEN!
- ALLE KINDER HABEN DAS RECHT, ÜBER IHRE RECHTE INFORMIERT ZU WERDEN!
- NIEMAND DARF MICH SCHLAGEN, ODER MICH SO BEHANDELN, DASS ES MIR SCHLECHT GEHT!

Zum Drüberreden und Überlegen

Ich habe das Recht auf eine gewaltfreie Erziehung.
Das ist ein Gesetz. Wenn sich ein Erwachsener nicht daran hält, begeht er eine Straftat.

- Was muss passieren, damit du diese Rechte auch bekommst?
- Lies das Buch mit deiner Mama und deinem Papa aufmerksam weiter und findet später die Antwort.

Unsere Aufgabe als für unsere und alle Kinder verantwortliche Erwachsene besteht darin, dafür zu sorgen, dass ihr Instinkt ungetrübt bleiben darf. Wir geben unseren Kindern eine Art »Übersetzungshilfe« für ihr gesundes, instinktives Empfinden, wenn wir ihnen Ausdrucksmöglichkeiten und Formulierungen bieten und ihnen dadurch die Möglichkeit geben,

- ihre Rechte zu kennen,
- ihre Rechte einzufordern,
- Unrecht zu spüren,
- Unrecht zu benennen,
- sich Hilfe zu holen.

Damit beginnt Kinderschutz in der Gesellschaft.

Die Familie

Das sichere Nest oder ein Ort der Gewalt

Was Kinder in ihrer Familie wirklich für ihre gesunde Entwicklung brauchen, sind die menschliche Qualität der mit ihnen lebenden Personen und die intakte Bindung an ihre positive/n Bezugsperson/en. Zu diesen Qualitätsstandards gehören die Sicherung ihrer körperlichen, psychischen, geistigen und seelischen Grundbedürfnisse durch regelmäßige Nahrung, Körperpflege, Kleidung und eine vertraute Umgebung (ein Zuhause), Liebe, Geborgenheit, Zuwendung, Verlässlichkeit, Kontinuität, Akzeptanz, Wertschätzung, Schutz, soziale und ideelle Werte und Vorbilder.

Gesunde Erwachsene sind absolut dazu in der Lage, dem menschlichen Nestling die notwendigen Bedingungen zum Gedeihen zu schaffen. Obwohl die meisten Männer nicht gewalttätig sind, ist Männergewalt viel zu weit verbreitet und eine weltweite Erscheinung. Ihre Ursachen zu ergründen, bemühen sich unzählige Psychologen, Soziologen und andere Forscher. Es gibt ausreichend Literatur zu den Ursachen von Gewalt. Tatsache ist, dass wir derzeit mit zu vielen Fällen von Gewalt in der Familie konfrontiert sind. Frauen und Kinder sind davon in einem Maß betroffen, dass es Gesellschaften, die sich zivilisiert nennen, tief beschämen müsste.

Vielleicht sogar, um diesem Gefühl der Beschämung und dem damit verbundenen schlechten Gewissen zu entgehen, ist das Thema »häusliche Gewalt« noch immer stark tabuisiert. Wenn Frauen nach einer Vergewaltigung oder bei Verdacht auf Kindesmissbrauch den Täter oder potenziellen Täter anzeigen, beginnt für sie oft ein qualvoller Spießrutenlauf. Die Polizei hat die Straftat zu verfolgen und muss be- und entlastende Momente für beide Seiten finden, auch wenn die anzeigende Person ernst genommen wird.

Manche Frauen berichten, sie würden ihre Anzeige manchmal am liebsten rückgängig machen, weil sie sich so behandelt fühlten, als seien sie nicht die Opfer, sondern mit schuld an der Tat. Bei Kindesmissbrauch in der Familie müssen Mütter fürchten, dass sich die Empörung aller auf sie richtet und ihnen zunächst überall nur Ungläubigkeit entgegenschlägt. Häufig führt auch die Inkompetenz der mit der Strafverfolgung befassten Personen, bei denen Frauen und Kinder Hilfe zu finden hofften, noch zu einer Verschlimmerung ihrer Lage.

Wie demütigend ist die Erfahrung für betroffene Frauen und Kinder, wenn die Ermittlung und Strafverfolgung mit dem lapidaren Hinweis, es handle sich um »Familienstreitigkeiten« oder eine »Beziehungstat«, an der kein Strafverfolgungsinteresse besteht, eingestellt werden, wie dies noch zu häufig und trotz des JustizministerInnen-Konferenzbeschlusses vom November 1994, das öffentliche Interesse in den Fällen häuslicher Gewalt regelmäßig zu bejahen, geschieht. Da Gewalttätern meist ein Unrechtsbewusstsein fehlt, wäre es jedoch unter diesem Gesichtspunkt ebenfalls wichtig, dem Täter durch strafrechtliche Sanktionen klare Grenzen zu setzen.

Bevor Mütter ihren Missbrauchsverdacht zur Anzeige bringen, sollten sie auf jeden Fall kompetente und frauensolidarische BeraterInnen aufsuchen und den Weg nicht ohne eine fachkundige Begleiterin beschreiten, solange sich die frauen- und mütterfeindlichen Verhältnisse in der Gesellschaft nicht deutlich ändern und der Täterschutz-Trend »Hilfe statt Strafe« durch eine realistische Haltung der Öffentlichkeit und der beteiligten Institutionen abgelöst worden ist. Vorrangig muss für den Schutz der Frauen und ihrer Kinder vor weiterer Gewalt und möglicher Racheakte des Täters gesorgt werden. (Mehr dazu in Teil 3.)

Am Beispiel des sexuellen Missbrauchs zeigt die Strafverfolgungsstatistik ebenfalls, dass nur etwa ein Viertel der ermittelten Tatverdächtigen auch verurteilt wird.[4] Auch diese Gewalt in der Familie wird weiterhin kaum sanktioniert und Täter werden damit in ihrem Verhalten bestätigt.

Aus Angst, aber auch aus Scham bleibt häusliche Gewalt in vielen Fällen lange ein »Familiengeheimnis«. Mütter brauchen oft Jahre und viel Unterstützung von außen, um die Gewalt in der Familie offen zu legen und sich vom Täter zu trennen, um sich und ihre Kinder vor ihm zu schützen.

Da Mütter bei bestätigtem Missbrauchsverdacht wegen Mittäterschaft angeklagt werden können und ihnen eine Einschränkung des Sorgerechts und die Wegnahme der Kinder angedroht werden können, müssen sie nach den neuen Regelungen des Kindschaftsrechts noch mehr Angst vor dem Anzeigen des Täters haben.

Wenn Zeugen Gewalt oder Übergriffe miterlebt haben, überlegen sie oft lange, bis oder ob sie eine Aussage machen, da auch sie davon ausgehen, nicht ernst genommen zu werden.

Offenbar stellt die Justiz die Interessen von Tätern über die Sicherheitsbedürfnisse der Gesellschaft, da sie Täter durch milde Strafen schützt und allen vormacht, etwas zum Schutz vor diesen Tätern beizutragen, indem diese kostenlos therapiert werden (»Hilfe statt Strafe«), während Opfer keinerlei staatliche Hilfe erhalten. Mütter und Kinder sind von diesem Fehlverhalten besonders betroffen.

Gewaltschutz für Kinder vor häuslicher Gewalt kann nicht funktionieren, wenn Kindern und Müttern gegenüber dem biologischen, aber gewalttätigen Vater (Täter-Vater) Hilfe und Schutz versagt werden.

Fehlender Schutz und fehlende Erziehung zum Selbstschutz, die von der Natur besonders den Müttern übertragen wurde, schädigen unsere menschliche Existenz und Zukunft enorm.

Gerade wenn die Gewalt oder der Missbrauch von einem Familienmitglied verübt wird, ist es für das Kind sehr schwer, sich dagegen zu wehren. Besonders dann, wenn die Mutter ihre Schutzfunktion nicht ausüben kann.[5]

Es ist zu hoffen, dass sich endlich auch mehr Männer klar von nestzerstörerischen Väter-Tätern distanzieren und sich mit den Müttern und Kindern solidarisieren, die sich aus kaputten Familiensystemen befreien und ein eigenes neues Leben in Ruhe und Frieden aufbauen wollen. Im Leben von Müttern und Kindern, die geschlagen, missbraucht oder anders geschädigt und traumatisiert wurden, hat der biologische, aber übergriffige Vater nichts mehr zu suchen. Gefordert ist hier die gesellschaftliche Ächtung von Gewalt und Quälerei.

Ein Nest, in dem Kinder gut gedeihen können.

Alle mit viel therapeutischem Zeitaufwand, doch mit viel Angst und neuem Leid verbundenen Versuche, Kinder zu einer Beziehung zu einem Vater mit grenzüberschreitendem Verhalten zu zwingen, sind zu unterlassen. Ein sicheres neues Nest ist höher einzuschätzen als die quälende, meist aussichtslose Anbahnung eines Zwangskontakts zu einem biologischen Vater, der nicht bereit war und ist, nestrelevantes Verhalten – Achtsamkeit, Schutz und Unterstützung für Mutter und Kinder – zu erlernen und zu üben.

Für ein »Nest«, in dem Kinder gut gedeihen können, ist nicht die biologische Mutter- und Vaterschaft wichtig, sondern das soziale Nestverhalten. Laut einer breit angelegten Studie der Universität Pennsylvania wies der Soziologe Paul Amato nach, dass soziale Väter die gleichen positiven Einflüsse auf Kinder haben können wie leibliche Väter.[6]

Und Mütter, die unentgeltlich 24 Stunden am Tag Arbeit für den Staat leisten, indem sie die Kinder großziehen und ihnen Achtsamkeit, Schutz und Unterstützung geben, haben ein Recht darauf, sowohl vom Vater als auch von der Gesellschaft mit Respekt behandelt und dabei unterstützt zu werden.

Die Symbiose von Mutter und Kind, die beim Menschen sehr lange dauert (und auch dauern darf), ist von der Natur so eingerichtet, um der menschlichen

Nachkommenschaft die besten Bedingungen für ihre Entwicklung zu gewähr-
leisten. Alles, was diese Symbiose stört oder beeinträchtigt, schädigt das Kind
ebenso wie seine Mutter. Kinder ohne diese enge Bindung haben keinen festen
Stand und keine Orientierung im Leben. Sie »schweben« quasi »frei in der Luft«.

Ein zentrales Element der Mutter-Kind-Symbiose ist der Schutzinstinkt der
Mutter für ihre Nachkommen. Wenn das Kind in diesem festen Bündnis mit der
Mutter geschützt ist, erfährt es die körperliche und seelische Sicherheit und Ge-
borgenheit, die seinen Körper und seine Seele stark machen.

In einem denkbaren neuen Familienmodell befände sich das Kind daher
wie ein Zentralgestirn im Zentrum, um das die Mutter den unmittelbar darauf
folgenden Schutzkreis bildet, um den wiederum der Vater seinen Schutzkreis
legt – also um Mutter und Kind.

**Wenn die Familie ein sicheres Nest für Kinder sein soll, führen diese Überlegun-
gen zu dem Schluss:**

- **Gewalt gegen Mütter bedeutet immer auch Gewalt gegen Kinder.**
- **Starke und gesunde Mütter haben starke und gesunde Kinder.**
- **Die Symbiose von Mutter und Kind garantiert den Schutzinstinkt der Mutter
  und das Überleben des Kindes.**
- **Das Kind braucht die natürliche Schutzmacht seiner Mutter zum Überleben.**
- **Mütter müssen ihr Schutzrecht für ihre Kinder und sich uneingeschränkt aus-
  üben dürfen.**
- **Jede Einschränkung des Schutzrechts der Mutter beeinträchtigt die Entwick-
  lung der Kinder.**
- **Die Schutzgemeinschaft, die Mütter und Kinder nach der Rettung aus einer
  Gewaltbeziehung bilden, muss staatlich und gesellschaftlich unterstützt
  werden.**
- **Männer sind aufgefordert, sich gegen Männergewalt auszusprechen.**
- **Väter stärken und schützen das Mutter-Kind-Bündnis.**

Was ist Gewalt gegen Kinder?

Was körperlicher und seelischer Missbrauch bedeutet

Dumme Frage, meinen Sie jetzt vielleicht. Warum widmen wir ihr ein eigenes Kapitel? Aus gutem Grund.

Immer noch ist im öffentlichen Bewusstsein der Begriff Kindesmisshandlung einseitig mit der Vorstellung körperlich schwer verletzter Kinder besetzt. Doch dabei wird wenig beachtet, dass tiefe Wunden, schmerzhafte Verbrennungen und Knochenbrüche nur die Spitze des Eisbergs darstellen.

Kindesmisshandlung beginnt da, wo Kinder durch Schimpfen, Schlagen, Klapse, Strafen, Überforderung und Liebesentzug tatsächlich geschädigt werden. Sie reicht bis zu körperlicher Misshandlung und Tötung. Auch bei einem Mangel oder Fehlen von Zuwendung, Schutz und Fürsorge, die für ihre Entwicklung notwendig sind, spricht man von Kindesmisshandlung.

Bei näherem Hinsehen ist ein Grund für die Tabuisierung von sexueller, körperlicher und seelischer Gewalt gegen Kinder, dass die Vorstellungen von Gewalt weit auseinander gehen.

Eine Mutter quält sich vielleicht tagelang mit Schuldgefühlen, wenn ihr nur einmal die Hand ausgerutscht ist und sie ihrem Kind eine Ohrfeige gegeben hat. Für eine andere gehört der Klaps auf den Po zur Erziehung und manche Mütter und Väter halten Schläge als Strafmaßnahme für völlig legitim. In Deutschland lehnen nur 19 Prozent der Mütter und Väter körperliche Züchtigung als Erziehungsinstrument strikt ab. Und laut amerikanischen Statistiken »wenden 90 Prozent der nordamerikanischen Eltern körperliche Strafen bei ihren Kindern an (Schläge).«[7]

Eine weitere Unklarheit besteht gegenüber dem Begriff seelische Gewalt. Beginnt sie damit, wenn bei den in jeder Familie vorkommenden Streitigkeiten herumgebrüllt wird, oder erst, wenn das Kind verbal attackiert oder bedroht wird? Oft kommt seelische Grausamkeit gut getarnt daher wie der Wolf im Schafspelz. Wer kennt nicht die Verletzungen, die uns unterschwellige Aggressivität, bitterböse Worte, die mit sanfter Stimme und einem Lächeln auf den Lippen verbrämt werden, oder abwertende, manipulierende Vorwürfe zufügen können?

Wir legen die Messlatte für Gewalt meist an Taten an, die allgemein als grausam wahrgenommen werden. Die Bilder, die von den Medien über die Grau-

Gewalt ist jede Form der Grenzverletzung.

samkeiten von Kinderschändern transportiert werden, wühlen uns zutiefst auf, sind jedoch rein statistisch gesehen die Ausnahme. So gut es ist, die Öffentlichkeit durch Fernseh- und Zeitungsberichte aufzuklären, trüben sie doch unseren Blick für die Gewalt, die unmittelbar im Umfeld unseres Kindes stattfindet. Oft wird sie gar nicht als solche erkannt.

In der Psychologie wird seelisch und körperliche zugefügte Gewalt als Übergriffigkeit bezeichnet. Ein Übergriff findet statt, wenn die Grenzen eines Menschen durch einen anderen überschritten und verletzt werden. Übergriffe werden je nach Schwere als mehr oder weniger starke Vertrauensbrüche empfunden. Sie verletzen, machen wütend und rufen unsere gesunde Gegenwehr als Selbstschutz hervor. Wir grenzen uns ab, da unsere Grenzen verletzt wurden. Damit versuchen wir, die innere und oft auch äußere Ordnung wiederherzustellen. So wie man jemandem die Tür weist, der sich in unseren vier Wänden unangemessen verhält.

Bei den meisten Menschen funktioniert dieser gesunde Selbstschutz nicht mehr einwandfrei. Vor allem Frauen wurden so erzogen, dass sie die Handlungen und Meinungen, die Gefühle und Wertvorstellungen anderer höher bewerten als ihre eigenen und sich selbst. Und diese »falsche Bescheidenheit« geben sie unbewusst an ihre Kinder weiter.

Eine große Zahl von Männern hingegen wird immer noch von einem System unterstützt, das Übergriffigkeit gegenüber Schwächeren wenn überhaupt als Verstoß, dann als Bagatelle behandelt.

Selbst in der Justiz wird Gewalt von Männern meist mit »Ausreden« und

Schuldzuschiebung an andere wegrationalisiert und gerechtfertigt, während die selteneren Fälle von Frauengewalt größte Empörung und Ablehnung hervorrufen. Sogar bei Sexualdelikten an Kindern ist es immer noch an der Tagesordnung, dass wie bei Vergewaltigung von Frauen dem Opfer eine »Mitschuld« an der Tat unterstellt oder das Gewaltverbrechen durch verharmlosende Argumente verschleiert wird, wie zum Beispiel, das Kind habe doch selbst Spaß an den sexuellen Handlungen gehabt.

Wenn wir Gewalt verhindern und Kinder vor Gewalt innerhalb und außerhalb der Familie schützen wollen, ist es jedoch sehr wichtig, genau zu wissen, wo Gewalt anfängt und was genau Gewalt ist.

Gewalt ist jede körperliche Handlung und jedes Verhalten, das

- **ein Kind körperlich und seelisch verletzt,**
- **ihm Schmerz und Leid zufügt,**
- **ihm Angst macht,**
- **seinen Selbstwert schädigt,**
- **es erniedrigt,**
- **es durchgängig überfordert,**
- **es mit Schuldgefühlen belädt,**
- **seine Grenzen nicht respektiert,**
- **sich bedenkenlos über sein Nein hinwegsetzt,**
- **Macht über es ausübt,**
- **seine Entwicklung stört,**
- **ihm sein Gefühl von Schutz und Sicherheit nimmt,**
- **sein Vertrauen, seine Liebe und seinen Körper missbraucht,**
- **ihm seine Freiheit nimmt,**
- **ihm Liebe entzieht,**
- **seine Grundbedürfnisse nach Liebe, Nähe und Pflege vernachlässigt,**
- **seine Individualität missachtet.**

Nach einigen Jahrtausenden, in denen die Menschheit und ihr Lebensraum Erde von einem Machtsystem geprägt wurden, das sich mit allen möglichen Mitteln der Gewalt und Übergriffen – Grenzverletzungen aller Art – weltweit durchgesetzt hat, wäre es ein enormer Fortschritt, wenn eine neue Generation von Kindern mit bewussten Müttern und Vätern aufwachsen könnte, die Gewalt endlich nicht mehr hinnehmen. Denn: Gewalt ist kriminell.

Psychische Misshandlungen sind Verhaltensweisen, die dem Kind Angst machen, es herabsetzen oder überfordern, ihm das Gefühl der Ablehnung vermitteln und damit sein Selbstbewusstsein schwächen. Nicht nur seelische Grausamkeit, sondern auch langfristig schädigende Formen von Ablehnung und psychischer Bestrafung wie Demütigung, Isolierung und Liebesentzug wirken sich nachhaltig auf die Entwicklung des Kindes aus. Psychische Gewalt ist Teil aller Misshandlungsformen und daher die häufigste Form von Gewalt gegen Kinder.

Gewalt beginnt und ist immer verbunden mit psychischer, emotionaler, geistiger, und sozialer Gewalt. Psychoterror, der ein bedrohliches Gewaltklima in der Familie erzeugt, ist eine Gewalttat, die ebenfalls traumatisierend auf die Opfer wirkt.

Die Traumaforschung beschäftigt sich zunehmend mit den Auswirkungen von Gewalt auf die menschliche Psyche. In einer bedrohlichen Situation ist dabei zunächst eine Stressreaktion normal. Sie verläuft in drei Phasen: der Alarmreaktion mit Kampf- und Fluchttendenzen, dem Widerstandsstadium, in dem der Körper versucht, die Belastung zu kompensieren, und dem Erschöpfungsstadium, das mit einer Schwächung des Immunsystems verbunden ist.

Wenn diese anfängliche Stressreaktion auf Gewalt und Missbrauch nicht gelöst werden kann, geht sie in einen dauerhaften Spannungszustand über. Daraus kann sich eine »Posttraumatische Belastungsstörung« (PTBS) entwickeln. Dabei befindet sich das Opfer in permanenter Alarmbereitschaft oder innerer Erstarrung, vermeidet Erinnerungen oder erlebt unkontrollierbare »Gedächtnisblitze« (»Flashbacks«). Der Betroffene zieht sich zurück. Sein Wesen verändert sich dramatisch. Die anfangs natürliche Schutzreaktion – erhöhtes Misstrauen, Schlaflosigkeit und ein permanenter Erregungszustand – wird jetzt zur Symptomatik. Körper und Geist sind ständig wachsam und übererregt. Nach drei Monaten gilt der Zustand als chronisch.

Jede Form von Gewalt und Missbrauch hat langfristige und schwer wiegende Folgen wie zum Beispiel PTBS. Auch nach einer erfolgreichen Therapie bleibt die Seele ein Leben lang verletzlich. Eine Gewalttat kann nie mehr rückgängig und je nach Schwere kaum bis gar nicht wieder gutgemacht werden.

Zurück zu der anfangs erwähnten Ohrfeige. Nach den obigen Überlegungen ist auch sie ein gewalttätiger Akt. Einmal begangen, erfordert auch sie als Wiedergutmachung ein Schuldeingeständnis und eine offen ausgesprochene Entschuldigung verbunden mit dem Versprechen der Besserung.

Jeder, der ein Kind großzieht, weiß, dass Kinder ausprobieren, wie weit sie gehen können – verbal, körperlich und in ihrem Verhalten. Ihre Vertrauenspersonen sind ihre »Versuchskaninchen«, was diese ehrt. Denn nur bei ihnen hat das Kind den Mut, seine Grenzen und die Folgen seiner Handlungen und seines Verhaltens auszuloten.

Da Mütter und Väter aber auch nur Menschen sind und auch nur Nerven haben, »flippen« sie ebenso »aus« wie Kinder. Sie brauchen ein gewaltfreies Repertoire für den Umgang mit ihrer gesunden Wut, die sie ja auch für ihren Selbstschutz und die Wahrung ihrer Grenzen benötigen. Das ist gar nicht so schwer, wie man denkt. Ein Vertrag für gewaltfreie Erziehung ist beispielsweise, jedes Mal, bevor man »überkocht«, in ein anderes Zimmer zu gehen und dort mit den Fäusten kräftig auf

Ein Vertrag für gewaltfreie Erziehung.

ein Kissen zu donnern, anstatt dem Kind eine Ohrfeige zu geben. Ganz erstaunlich dabei ist, dass Kinder darauf nicht etwa verunsichert reagieren, sondern selbst wieder ins Lot kommen. Das gewünschte Resultat stellt sich danach oft wie von selbst ein.

Gewalt ist ein absolutes Tabu, für dessen Wahrung sich alle in der Gesellschaft einsetzen und bei einem Tabubruch für Strafe, Wiedergutmachung und Prävention sorgen müssen!

Wo lauern Gefahren für Kinder?

Täterstrategien und Manipulationsversuche wahrnehmen

Die überwiegende Mehrheit der Menschen bei uns wird alt und stirbt eines normalen Todes. Katastrophen gehören zu den Ausnahmen des Lebens, auch wenn fast jeder Mensch auch Leid und Krisen erfährt. In unserem Medienzeitalter liegt es aber vor allem an den Fernsehbildern, die täglich neue Horrorszenarien für uns aufbereiten und uns damit übertriebene Angst vor dem Leben und seinen potenziellen Gefahren einjagen können.

So wie wir unsere Kinder vor dem Einfluss dieser Schreckensbilder aus sicherem Instinkt heraus bewahren wollen, sollten wir eigentlich auch selbst damit umgehen und abschalten, wenn es uns zu viel wird. Unsere innere Ruhe und Sicherheit finden wir beispielsweise wieder, wenn wir hinaus in die Natur gehen, was wir bei Ausflügen und im Urlaub immer wieder erleben können.

Zurück zur Natur ist kein schlechter Tipp, wenn es um unsere gesunden Instinkte geht. Die meisten Mütter haben noch eine sehr gute Verbindung zu ihrem Mutterinstinkt. Sie besitzen auch ein angeborenes Gespür, wo Gefahr für ihre Kinder lauert.

Jede Mutter wird sicherlich zustimmen, dass sie beispielsweise am Spielplatz genau spürt, wie sie die Abenteuer ihres Kindes einschätzen muss. Sie weiß aufgrund ihrer täglichen Erfahrungen speziell mit diesem Kind, wann sie eingreifen muss und wann sie ihr Kind gewähren lassen kann.

Dies erklärt auch die unterschiedlichen Reaktionen von Müttern und Vätern. Väter geraten oft schneller oder im falschen Moment in Panik, wenn Mütter aufgrund der Alltagserfahrungen noch ganz gelassen bleiben. Oder sie erkennen eine Gefahr nicht, die eine Mutter sofort »erspürt«.

Doch Kinder besitzen auch selbst einen ausgesprochen gut entwickelten Überlebensinstinkt. Denn jeder Mensch weiß instinktiv genau, was ihm gut tut und was ihm schadet. Eine Möglichkeit, wie sich der Instinkt bemerkbar macht, ist Angst, die das Fluchtverhalten bewirkt, oder Wut, die zum Kampf führt. Kinder nennen ihre Angst oder ihren Warninstinkt häufig »Bauchkribbeln.«

Die Gefahren, von denen wir im Kindersicherheitstraining sprechen, gehen von anderen Menschen aus. Von Erwachsenen, aber auch von anderen, älteren Kindern, die unsere Kinder in irgendeiner Form bedrohen, angreifen oder verletzen.

Vor allem Sexualstraftäter benutzen verschiedene Strategien, um die gesunden Instinkte ihres Opfers auszuschalten. Die erste Gefahr für Kinder lauert also da, wo ihr Instinkt manipuliert und betäubt wird. Genau hier liegt auch ein erster Ansatzpunkt zur Gefahrenabwendung, wo wir als Mütter und Väter mit dem Schutz unserer Kinder beginnen: ihren Instinkt zu schärfen und zu ermöglichen, dass er einwandfrei funktioniert.

Dies gelingt, indem wir unserem Kind eine klare Orientierung geben und ihm versichern:

- **Wenn es in deinem Bauch kribbelt, nehme ich dich ernst.**
- **Wenn du dich an einem Ort oder im Beisein eines Menschen unwohl fühlst, nehme ich dich ernst.**
- **Wenn du Angst vor jemandem hast, rede ich sie dir nicht aus.**
- **Wenn du wütend bist, bremse ich dich nicht sofort.**
- **Wenn du mir etwas sagen willst, höre ich dir aufmerksam zu.**
- **Wenn du jemanden nicht magst, zwinge ich dich nicht zur Höflichkeit.**
- **Wenn es dir schwer fällt, etwas zu erklären, helfe ich dir, deine Gefühle in Worte zu fassen.**
- **Wenn du weinst, versuche ich nicht sofort, deine Tränen zu stoppen.**

Ich höre hin. Ich schaue hin. Ich bin da. In dieser Zuwendung bleibt der Instinkt erhalten, der im Ernstfall lebensrettend sein kann. Wer hat sich noch nicht den Vorwurf gemacht: »Hätte ich doch auf meine innere Stimme gehört. Dann wäre mir das nicht passiert.«

Für die meisten Kinder aus unserem Kulturraum ist die Welt voller Verlockungen. Kinder sind neugierig. Was ihnen Spaß macht, wollen sie haben. In jedem Alter gibt es Spielsachen, auf die plötzlich fast alle Kinder ganz »scharf« sind und die sie unbedingt haben wollen. Mütter und Väter müssen stets auf dem Laufenden sein, was gerade der aktuelle Trend ist. Um viele Spielsachen kommen sie praktisch »nicht herum«, wenn alle Freunde das begehrte Spielzeug bereits angeschafft haben. Das bedeutet für die Mütter und Väter oft eine Gratwanderung. Was kaufen wir, damit unser Kind dazugehört und mitmachen kann, und wo sagen wir einfach Nein?

»Haben wollen« und Besitz (»Das ist meins!«) gehören zur kindlichen Entwicklung. Diese Tatsache macht sich die Werbung zunutze. Aber auch viele Erwachsene setzen materielle »Belohnungen« als Erziehungsmittel ein, was wiederum eine »Gratwanderung« bedeutet. Sicherlich ist nichts dagegen einzuwenden, unsere Kinder mit schönen Sachen für eine Leistung zu belohnen, auch nicht, ihnen einfach aus Liebe und Großzügigkeit eine Freude zu machen. Problematisch wird es, wenn die Belohnung als Trick verwendet wird, um beim Kind ein erwünschtes Verhalten herbeizuführen. Kinder nennen das »locken«. Wir nennen es »manipulieren«.

Eine Manipulation ist ein Übergriff, da sie dem anderen keine freie Wahl lässt. Man macht etwas mit ihm ohne seine Zustimmung. In diesem Fall sogar ohne dass der andere es weiß. Eine Verhaltensänderung durch Strafen (etwas wegnehmen) oder Belohnungen (etwas geben) zu bewirken, wurde in restriktiven Erziehungsmodellen verwendet, die bis heute verbreitet sind. Oft ist es nur die Hilflosigkeit der Mütter und Väter, nicht ihre Überzeugung, aus der heraus sie zu solchen Maßnahmen greifen. Aber auf diese Weise werden Kinder »käuflich«, um das, was da abläuft, einmal ganz drastisch auszudrücken.

Leider ist der Einsatz von Belohnung und Bestätigung einerseits und Wegnehmen und Ablehnung andererseits fest in unserer Gesellschaft verankert.

Auf diese Weise verfahren viele nicht nur mit ihren Kindern und Haustieren, sondern auch mit anderen Erwachsenen, zum Beispiel am Arbeitsplatz, aber auch in zwischenmenschlichen Beziehungen. »Wenn du machst, was mir gefällt, bekommst du meine Anerkennung.« Die logische Konsequenz ist, der andere weiß es genau: Wenn er es nicht macht, wird er abgelehnt – und zwar als ganze Person.

Gerade auch Täter verwenden Manipulation. Wenn Kinder an eine manipulative Erziehung gewöhnt sind, fallen sie leicht auf Verlockungen herein. Früher erzählten uns die Mütter und Väter: »Nimm kein Bonbon von einem Fremden an.« Heute reichen Süßigkeiten als Lockmittel nicht unbedingt aus. Aber es gibt genug andere Konsumgüter aus der schillernden Spielwarenwelt, die Kinder alle Vorsicht vergessen lassen und ihren Instinkt betäuben.

Menschen entwickeln ihren Selbstwert durch Bestätigung. Wir wissen, dass unsere Kinder immer und immer wieder Anerkennung von uns brauchen. Auf diese Weise entsteht die Sicherheit: »Ich kann etwas und ich bin wertvoll.«

Gewaltprävention in der Erziehung bedeutet in diesem Zusammenhang, dem Kind dort so viel Anerkennung zu geben, dass es nicht etwa nach Anerkennung von Fremden oder materiellen Belohnungen suchen muss und dadurch anfällig für die Tricks von Tätern wird.

Die Reaktion auf unerwünschtes Verhalten sollte sich klar auf dieses Verhalten beziehen, nicht auf die Person des Kindes an sich. Angenommen, Ihr Sohn hält seine Tasse schief und Sie befürchten, dass er kleckern wird. Es macht einen großen Unterschied, ob Sie sagen: »Immer bist du so ungeschickt und kleckerst alles voll«, oder ob Sie ihm zeigen, wie er die Tasse gerade halten kann, und dabei sagen: *Gesunder Instinkt schützt vor Manipulation.* »Bitte halte die Tasse nicht schief, sondern so. Sonst wird wahrscheinlich der Kakao auf den Fußboden tropfen.« Dies verhindert auch, dass sein gesunder Instinkt, seine Wahrnehmung und bei älteren Kindern ihre Vernunft ausgeschaltet werden, wenn der Lockreiz oder die Schmeichelei eines Fremden zu stark wird.

Sie können Ihrem Kind vermitteln, dass es nichts gibt, was es nicht auch zu Hause bekommen kann, und dass sein Wert nicht davon abhängt, alles zu haben und alles zu können. Es so zu lieben und anzuerkennen, wie es ist, und ihm Ihre Liebe und Ihren Stolz auf es auch unaufgefordert jeden Tag zu zeigen, ist eine Grundhaltung in Ihrer Beziehung und ein Grundstein für Gewaltprävention.

Gut und schlecht

»Woran erkennt man schlechte Menschen?« und andere Kinderfragen

Im WO-DE-Kindersicherheitsseminar sprechen die Trainer bewusst nicht von »den Bösen«. Das Wort böse ist sehr mächtig und angstbesetzt. Die Vorstellung daran bringt das Kind unnötigerweise in eine ohnmächtige Lage. Mütter und Väter sollten diese Überlegung bei den Gesprächen mit ihren Kindern berücksichtigen.

»Woran erkennt man die Schlechten?« »Warum sind manche Leute schlecht?« Spätestens im Kindergarten tauchen Fragen nach »gut« und »schlecht« bei unseren Kindern auf. Mütter und Väter fragen sich, woher sie kommen, denn oft scheint es gar keinen konkreten Anlass dafür zu geben.

Plötzlich fragt Ihr Kind Sie: »Mama, ist der Mann mit dem Bart schlecht?« Sie haben keine Ahnung, wie es darauf kommt. Denn bisher hat ihm noch kein bärtiger Mann Angst eingejagt. Es macht den für es noch völlig unklaren und unverständlichen Begriff »schlecht« nur an dem »wilden« Haarwuchs im Gesicht fest. Er ist ein Unterscheidungsmerkmal, mehr nicht.

Bei Unterscheidungen geht es letztlich um Orientierung, die wir zum Leben brauchen. All unsere Sinne sind auf Unterscheidung ausgerichtet, weil wir in einer Welt der Dualität leben. Hell – dunkel. Warm – kalt. Hoch – tief. Fest – weich.

Schwarz – weiß. Diese Polarität prägt uns von Anbeginn und reicht so tief, dass sie archetypisch ist, das heißt völlig von selbst geschieht. Daher sind die Unterscheidungen wie »gut« und »schlecht« ebenso archetypisch und tauchen je nach der kognitiven Entwicklungsphase des Kindes aus der Psyche auf. Dies erklärt auch die starke Anziehung von Märchen, Geschichten und auch Filmen auf Kinder, die sich mit dieser Polarisierung auseinander setzen.

Wenn ein Kind in eine Situation gerät, in der es angesprochen wird, ist dieser Mensch zunächst einfach fremd. Er ist ein Fremder. Wir wissen nicht, ob er gut oder schlecht ist. Die Prävention beginnt also nicht mit der Warnung vor dem »Bösen«. Denn damit würden wir dem Kind unnötig Angst machen. Es wäre übertrieben, vor jeder fremden Person Angst zu haben, aber es ist angemessen, bei jedem Fremden vorsichtig zu sein.

Auch hier gibt die Natur uns ein klares Vorbild. Jedes Tier begegnet einem Menschen, der ja ein »Fremder« für es ist, mit Vorsicht. Wieder ist es der gesunde Instinkt, der dadurch für seine Sicherheit und sein Überleben sorgt.

Übertriebene Höflichkeitsrituale setzen sich oft über den gesunden Instinkt hinweg. Eine übliche Kontaktaufnahme mit Kindern besteht darin, dass sie nach ihrem Namen gefragt werden. Wenn das Kind nicht sofort freundlich antwortet, ist es vielleicht die Mutter, die vorschnell »Sie heißt Maria« sagt. So lernen Kinder, dass es okay *Bei jedem Fremden sind wir vorsichtig.* ist, wenn jeder X-Beliebige ihren Namen erfährt. Schützender wäre es, die Situation erst einmal genauer zu beobachten und dem Kind Zeit zu lassen. Vielleicht spürt es ja ein Kribbeln im Bauch.

Es spricht nichts dagegen, seinen Namen zu sagen, sofern das Kind vorher gefragt wird: »Möchtest du deinen Namen sagen?« Wenn es verneint, gilt sein Nein mehr als die vermeintliche Höflichkeit gegenüber Fremden. Es ist nicht unhöflich, seinen Namen nicht nennen zu wollen. Das Kind entscheidet, ob es will oder nicht.

Seinen Namen zu nennen ist ein Türöffner – eine Einladung zur Kontaktaufnahme, ein Hinweis, dass wir an einem weiteren Kennenlernen interessiert sind. Obwohl unser Name zu unserem persönlichsten »Allerheiligsten« gehört wie unser Körper, gehen wir damit sehr oberflächlich um, obwohl er das Erste ist, was wir einem Neugeborenen geben und das Letzte, was wir auf dem Grabstein eines Menschen verewigen. Niemand lebt sein Leben dazwischen ohne Namen. Weltweit und in allen Kulturen ist die Namensgebung ein wesentliches Element des Menschseins und in vielen ist der Name heilig.

»Wie heißt du denn?« ist für Kinder eine normale Gesprächseröffnung. Sollte sich aber herausstellen, dass der Fragende keine guten und harmlosen Absichten hat, kann es ein tiefer Vertrauensmissbrauch sein, den Namen preisgegeben zu haben. Ein Kind sollte aus diesem Grund ruhig unterstützt werden, auch einmal »unhöflich« zu sein und seinen Namen – und damit sich – zu schützen, wenn es ihn nicht jedem Fremden sofort mitteilen will.

Auch am Telefon braucht das Kind nicht seinen Namen sagen, wenn ein Unbekannter anruft. Ebenso überflüssig sind T-Shirts, Kappen oder Schulranzen, auf denen der Name des Kindes steht. Auch auf veröffentlichten Schulfotos oder Homepages im Internet sollte der Name des Kindes nicht erwähnt werden.

Kinder brauchen von uns Erwachsenen klare Formulierungen. Dazu gehört auch, Gutes als gut und Schlechtes als schlecht zu benennen. Durch die klare Orientierung finden sich Kinder im Leben zurecht. Sie lernen, angemessen zu reagieren, da sie Situationen und Gefahren einschätzen können.

Verschleierte Botschaften machen das Kind nicht nur unsicher, sondern auch handlungsunfähig. Wenn Verletzungen entschuldigt werden mit »Das hat er nicht so gemeint«, wird es schwierig, darauf zu reagieren. Wohin mit den Tränen und der Wut, wenn ich gesagt bekomme, es sei doch gar nicht so schlimm, weil der andere es nicht so gemeint hat? Auch die Wiedergutmachungsverpflichtung besteht nicht, da der andere davon befreit wird, sich entschuldigen und wieder gutmachen zu müssen.

Viel besser ist die Erklärung: »Ich habe dir wehgetan. Ich habe einen Fehler gemacht. Ich entschuldige mich dafür und mache es wieder gut.«

Fehler sind menschlich. Fehler machen gehört zum Alltag. Fehler vermeiden ist gar nicht die Lösung. Indem diese klar *benannt* werden, erkennt der andere die Absicht zur Wiedergutmachung. Es spornt an, beim nächsten Mal nach einem anderen Verhalten zu suchen. Fehler zu entschuldigen bedeutet jedoch, keine Verantwortung dafür übernehmen zu wollen.

Was hat das mit »gut« und »schlecht« zu tun? Kinder fragen danach, weil sie den klaren, sich selbst schützenden Umgang mit »gut« und »schlecht« erlernen wollen. Menschen, die Fehlverhalten verschleiern oder bagatellisieren, nehmen Kindern die Möglichkeit, klar Stellung zu beziehen, wenn es um »gut« oder »schlecht« geht. Damit nehmen sie ihnen auch die Chance, sich zu wehren.

Besonders stark tabuisiert ist nach wie vor die Benennung von sexuellem Missbrauch in der Familie. In Broschüren findet man immer noch haarsträubende Verharmlosungen der Gewalttaten an Kindern. Sie suggerieren, missbrauchende Väter liebten ihre Kinder doch, obwohl sie sie vergewaltigen. Wie in den Strafprozessen zu Missbrauchsdelikten wird hier der Täter beinahe als der Bemitleidenswerte dargestellt, der arm dran ist und nicht aus seiner Haut konnte. Es ist weiterhin an der Tagesordnung, sogar den Kindern eine Mitschuld zu unterstellen.

Fehlverhalten von Tätern klar benennen.

Diese immer noch vorherrschende Haltung gegenüber sexuellem Missbrauch an Kindern verhindert, dass tatsächlich im Vorfeld präventiv und im Ernstfall sofort eingegriffen wird. Kinder werden in ihrer Not im Stich gelassen und verraten.

Eine Missbrauchserfahrung stellt für Kinder ein schweres Trauma dar. Die Traumaforschung zeigt, dass »selbst leichte Kindheitswunden zu bleibenden physiologischen Veränderungen führen können ... In einer Kultur, die wie die unsere von männlichen Wertvorstellungen beherrscht wird, tendierte – und tendiert – man dazu, Verletzlichkeit und demzufolge auch die Existenz eines Traumas zu leugnen.«[8]

Es ist interessant zu beobachten, wie in Fernsehbeiträgen über Sexualdelikte immer wieder die erstaunte Feststellung der Journalisten oder interviewten Nachbarn oder Angehörigen der Täter gezeigt wird, »der Mann sei doch ein so harmloser, freundlicher Familienvater gewesen, dem man so etwas Schreckliches niemals zugetraut hätte«.

Dieser Verdrängungsmechanismus hat eine lange Tradition. »In einem der berühmtesten Fehlschlüsse des zwanzigsten Jahrhunderts kam Freud zu der

Überzeugung, dass seine Patientinnen ... (hinsichtlich ihrer Berichte über sexuellen Missbrauch in der Familie; Anm. d. Verf.) gelogen haben mussten ... Demzufolge tat er, was im Lauf der Menschheitsgeschichte die häufigste Reaktion war, wenn jemand mit den Überlebenden eines Traumas konfrontiert wurde. Er glaubte ihnen nicht und hielt sie selbst für schuldig.«[9]

Auch Erwachsene müssen sich mit der Kinderfrage befassen: »Wie sehen die Schlechten aus?« und eingestehen, dass auch sie die Schlechten nicht gleich erkennen, weil man »schlecht« eben nicht am Aussehen erkennt. Jemand, der ein »böses« Gesicht macht, kann auch einfach gerade stinksauer sein oder schreckliche Kopfschmerzen haben. Oder sich sogar schützen, indem er sich mithilfe seiner Wut zur Wehr setzt.

Vielmehr sollte sich in der Öffentlichkeit verbreiten, was Fachleute längst wissen: Täter sind gerade sozial sehr gut angepasst. Sie müssen ganz besonders freundlich und sympathisch wirken, da sie den anderen ja täuschen wollen. Also werden sie alles daran setzen, nicht »schlecht« auszusehen. Gewalttäter und Sexualverbrecher sind meisterhaft in der Verstellung.

Es hilft Kindern, wenn ihre Mütter und Väter gut und schlecht klar benennen, wenn es um gutes und schlechtes Verhalten und gute und schlechte Taten geht, die bereits begangen wurden.

Vorbeugend hilft es Kindern zu lernen, dass man gut und schlecht nur an den Handlungen erkennt, so wie jemand einen anderen noch lange nicht liebt, nur weil er es sagt. Liebe erkennt man auch nur an dem, was ein Mensch tut. Sich nicht von schönen Worten oder dem schönen Schein einlullen zu lassen, ist eine wichtige Botschaft für unsere Kinder.

Wenn Ihnen jemand anderer wichtiger ist als Ihr Kind, weil Sie seinen Fehler entschuldigen oder verharmlosen, schwächen Sie es. Wenn Ihnen die Verletztheit oder die Wut oder die Angst Ihres Kindes wichtiger ist, stärken Sie es. Nur dann wird Ihr Kind sich auch selbst wehren.

Macht und Ohnmacht

Opferstatus, Opferrolle und
Täterverhalten

Bei Missbrauch und Gewalt gegen Kinder handelt es sich grundsätzlich um Akte der Machtausübung. Täter wollen nicht sexuelle, sondern Machtbedürfnisse befriedigen. Macht über ein Opfer zu haben ist der primäre Beweggrund für alle Übergriffe.

Aus den Verhören mit Tätern geht hervor, dass Kinder eine reelle Chance haben, aus der Situation herauszukommen, wenn sie sich zur Wehr setzen. Täter lassen aus einem Schmerzreflex heraus los, und sie werden verunsichert. Ein Kind, das nicht das klassische Opferverhalten an den Tag legt, bringt sie aus dem Konzept. Die Polizei weiß, dass Täter oft monatelang Tausende Kilometer herumfahren, bis sie auf das Kind stoßen, das ihnen zum Opfer fällt. Oft haben sie vorher schon etliche »Fehlversuche« gestartet.

Dr. Anita Heiliger berichtet über eine Studie, bei der inhaftierte Sexualstraftäter angaben, dass »in erster Linie die Nichteinhaltung des Geheimhaltungsgebotes, also das Sprechen über die Tat, die Fortsetzung eines Missbrauchs verhindern könne. Gleich darauf folgt das Nein-Sagen und das Lernen von guten und schlechten Berührungen. Die Opferforschung zeigt, dass der Widerstand des Kindes erfolgreich sein kann, ... vor allem in einer Phase, in der der Täter die ›Tauglichkeit des Objekts‹ ... testet.«[10]

Tatsache ist jedoch, dass in der Realität der Schwächere einem körperlich Stärkeren immer unterlegen ist. In diesem »Opferstatus« befinden sich Frauen und Kinder, selbst wenn sie die »Opferrolle« nicht einnehmen. Selbst wenn Ihr Kind Kampfsport betreibt, erübrigen sich dadurch nicht andere Präventionsmaßnahmen.

Wie das Wort schon sagt, ist Kampfsport ein Sport. Kampfsport basiert auf Fairnessregeln, die es auf der Straße nicht gibt. Darüber hinaus erfordern

Kampfsporttechniken jahrelange Übung und sind oftmals ungeeignet für Menschen, die sich in Selbstverteidigung üben wollen. Es gibt jedoch einige wenige Techniken, die zur Angriffsunfähigkeit des Täters führen, wenn sie entschlossen angewandt werden.

Vorrang hat grundsätzlich erst einmal die verbale Selbstbehauptung, die Verhinderung eines Kampfes mit allen Mitteln. Ist aber doch einmal die Grenze zur körperlichen Auseinandersetzung überschritten worden, muss die körperliche Gegenwehr darauf abzielen, den Kampf zu beenden, um die Chance zur Flucht zu haben. (Wie das konkret aussehen kann, lesen Sie in Teil 2.)

Auf Spielplätzen kann man gut beobachten, dass es schon bei sehr kleinen Kindern unterschiedliche Formen der Aggression gibt. Von Natur aus sind manche Kinder offensiver und hauen schneller auch einmal zu, *Selbstsicherheit verhindert, ein Opfer zu werden.* wenn es um »ihre Schaufel« geht. Andere lassen sich hauen, selbst wenn sie von Mutter und Vater oder der Kindergärtnerin die Erlaubnis erhalten, sich selbst zur Wehr zu setzen, wenn die Spielgefährten sich mit Worten nicht stoppen lassen.

Vieles ist im Wesen eines Kindes angelegt. Nicht immer und nicht ausschließlich sind es die Vorbilder und die Reaktionen, die es sich von den Erwachsenen abschaut, die sein Verhalten prägen. Die Persönlichkeit eines Menschen ist ein Zusammenspiel vieler Faktoren.

Manche Kinder sind nicht schüchtern, sondern friedfertig. Beim schüchternen Kind wäre zu überlegen, wodurch es womöglich so eingeschüchtert oder verschüchtert ist. Beim friedfertigen Kind kann es einfach etwas länger dauern, bis es begreift, dass seine Spielkameraden nicht unbedingt ebenso gestrickt sind wie es selbst und seine deutliche Gegenwehr brauchen.

Selbstbewusstsein ist nicht angeboren. Es ist eine zentrale Eigenschaft, die sich von Geburt an entwickelt. Ein Mensch, der Selbstbewusstsein und Selbstsicherheit ausstrahlt, veranlasst seine Umgebung, ihm mit Wertschätzung zu begegnen. Seine Unantastbarkeit ist weitgehend gesichert.

Ohnmacht ist ein Zustand »ohne Macht«. Macht kommt von machen. »Da kann man nichts machen« ist ein bekannter Ausspruch, um sein Gefühl der Ohnmacht auszudrücken.

Täter wenden spezielle Strategien an, um das Opfer in eine solche Situation zu bringen. Sexuelle Übergriffe bei Kindern sind keine »Ausrutscher«, wie Täter oft behaupten. Täter begehen Missbrauch nicht etwa, weil sie plötzlich durch einen zu starken Reiz oder Ausbruch eines Triebs die Kontrolle verloren hätten. Vielmehr ist es in der Realität so, dass Täter sexuellen Missbrauch an Kindern lange und sorgfältig vorbereiten und planen.

Bei sexuellem Missbrauch von Kindern innerhalb der Familie wird diese Vorbereitungszeit »u.U. nach außen hin als liebevolle Fürsorge getarnt«.[11] Die Strategien der sexuellen Annäherung an das Kind, die auch von Tätern außerhalb der Familie angewendet werden, folgen immer dem gleichen Muster: Der Täter setzt an den »Schwächen und Bedürfnissen des Kindes an, verwirrt es in seiner Wahrnehmung über gut und schlecht«, sodass es »kindgerechte und übergriffige Berührungen«[12] nicht mehr unterscheiden kann.

Eine weitere Täterstrategie für innerfamilialen Kindesmissbrauch ist die Ausschaltung des Schutzes der Mutter, deren Wahrnehmung ebenfalls getäuscht oder die mit Drohungen zur Duldung des Missbrauchs gebracht wird. Mit den gleichen Drohungen verhindert der Täter, dass sich das Kind Hilfe suchend an die Mutter oder andere Vertrauenspersonen wendet. Das schützende und natürliche Mutter-Kind-Rückversicherungsbündnis wird zerstört.

Handlungsspielraum bewahrt vor der Ohnmachtsfalle.

Mehr dazu sowie weitere Informationen über sexuellen Kindesmissbrauch finden Sie in Teil 3 des Buches. An dieser Stelle möchten wir Ihnen aufzeigen, welche Voraussetzungen in der Beziehung zu Ihrem Kind und welches Klima in der Familie ein Bollwerk gegen Missbrauch bilden können. Denn »je mehr Defizite ein Kind in Bezug auf Sicherheit, Zuwendung, Anerkennung, Liebe und Wärme hat, desto größer ist offenbar die Gefahr, dass es Opfer sexuellen Missbrauchs wird«.[13]

Grundsätzlich verhilft eine Erziehung, die das Selbstwertgefühl der Kinder stärkt und ihnen Informationen über ihre Rechte vermittelt, dazu, dem Kind Handlungsspielraum zu verschaffen und es vor der Ohnmachtsfalle zu bewahren. Ein gesundes Selbstwertgefühl bedeutet, sich grundsätzlich als wertvoll zu empfinden – nicht besser oder schlechter als andere.

Dennoch ist es auch hier eine Illusion, eine Prävention könne nur bei den Kindern ansetzen. Dies hieße, die Verantwortung für sexuellen Missbrauch auf Kinder als potenzielle Opfer abzuschieben. Die Verantwortung aller Erwachsener besteht darin, eine völlig neue Perspektive einzunehmen und jeglichen Täterschutz abzulehnen.

Solange Hilfe suchenden Kindern (und ihren Müttern) von den Erwachsenen in ihrem Umfeld nicht geglaubt wird, Missbrauch verharmlost und »Ausreden« von Tätern toleriert werden, Mütter und Kinder nicht den ihnen gebührenden körperlichen, seelischen und finanziellen Schutz garantiert bekommen, der ihr gesundes Überleben ermöglicht, müssen unsere Kinder weiterhin mit der Gefahr des Missbrauchs leben.

Auffällig ist dabei auch, dass sowohl Frauen als auch Männer wesentlich aggressiver auf das Fehlverhalten der Mütter bei Kindesmissbrauch reagieren als auf die Täter. Mütter, die den Missbrauch an ihrem Kind nicht oder erst spät bemerkt oder sogar geduldet haben, werden scharf verurteilt. Ihnen schlägt die »Null-Toleranz« ins Gesicht, die eigentlich dem Täter gelten sollte.

Es liegt an jedem Einzelnen, die Hintergründe dieser Absurditäten zu analysieren (siehe hierzu die Literaturempfehlungen im Anhang). Uns möge an dieser Stelle genügen, eine paar Denkanstöße zu geben.

Gesellschaftliche und psychische Realität ist derzeit immer noch, dass:

- **Kinderschutz und Mutterrecht der Vatermacht (dem Täterschutz) unterstellt sind (»Ja keine – womöglich falschen – Verdächtigungen aussprechen«),**
- **idealisierte Vaterbilder die Realität krimineller Handlungen verzerren (»Er liebt dich doch, obwohl er dich verletzt hat«),**
- **mütterliches Selbstschutzverhalten als Voraussetzung für Kinderschutz untergraben wird (Müttern wird die Verantwortung für den Schutz der Kinder zugeschoben, ohne dass sie mit der Handlungsfreiheit gegenüber den Täter-Vätern ausgestattet sind),**

- **biologische Vaterschaft Rechte am Kind sichert (Sogar missbrauchende, gewalttätige und nestzerstörerische Väter (Täter-Väter) haben »Rechte« an ihren Kindern),**
- **Frauen aus einem falsch verstandenen Emanzipationsgedanken Vätern »mutternde Aufgaben« in der Kinderbetreuung übertragen, ohne vorher sicherzustellen, dass diese Väter wirklich vertrauenswürdig sind,**
- **Kinder und Teenager nicht darüber aufgeklärt werden, dass ihnen Gewalt und sexueller Missbrauch überwiegend aus dem Nahbereich und überwiegend von Männern droht (»In unserer Familie/unserem Freundes-/Bekanntenkreis ist so etwas unvorstellbar«).**

Unsere Kinder in falscher Sicherheit zu wiegen in der scheinbar guten Absicht, ihnen nicht das Vertrauen in Menschen zu nehmen, bedeutet eine weitere Anpassung an das sie gefährdende System. Jede Tiermutter schärft die Wahrnehmung ihrer Jungen für seine Feinde durch Flucht oder Verteidigung.

Im Gegenteil, eine mögliche Gefahr, um die das Kind weiß, steigert sein Gefühl der Sicherheit – und verhindert vor allem, dass es ahnungslos und ohnmächtig ausgeliefert ist. In der großen Mehrheit von Missbrauchsfällen sind die Kinder arglos und vertrauen den Tätern.

Wenn Sie ein Kind auf die konkrete *Gefahr*, nicht auf die *Folgen*, aufmerksam machen, ängstigen Sie es nicht, sondern stärken sein Vertrauen, dass Sie gut für es sorgen und es gut auf die Welt dort draußen vorbereiten. Sie geben ihm damit die Macht, damit umgehen zu können. Es gibt auch eine Gesetzmäßigkeit, dass Kinder selbst signalisieren, wann sie mit einem Thema überfordert sind. Sie hören dann weg, schalten ab oder fragen einfach nicht weiter. Wenn Sie merken, dass Ihr Kind noch nicht so weit ist, verschieben Sie die Sache auf einen späteren Zeitpunkt.

So schwer es liebenden Müttern und Vätern fällt, ihren Kindern ihre Vertrauensseligkeit zu nehmen, brauchen Kinder diesen Schutz dringend von ihnen. Mütter und Väter sind durchaus in der Lage, die richtigen Worte für diese Realität zu finden. Wir nehmen auch am Straßenverkehr teil, obwohl er schreckliche Gefahren birgt. Genauso selbstverständlich sollte der Umgang mit der Gefahr sein, die durch Gewalt und Missbrauch drohen kann.

Ohnmächtig zu sein ist keine Kleinigkeit. Vor allem Frauen, aber im gleichen Maße auch viele Männer, die unter scheinbar nicht veränderbaren Verhältnissen zu leiden haben, sind so an diesen Zustand gewöhnt, dass sie gar nicht mehr realisieren, wie sehr ihr Wohlbefinden, ihr Lebensgefühl und ihre Chancen dadurch beeinträchtigt werden. Dauerhafte psychische Ohnmacht führt zu seelischer und körperlicher Erkrankung. Opfer zu werden ist ein zutiefst erschütterndes, traumatisierendes Erlebnis, das zu einer Zerstörung sämtlicher Lebensbereiche der Betroffenen führen kann. Die Folgen von seelischer und körperlicher Gewalt und seelischem und körperlichem Missbrauch sind lebenslang und nur mit langfristigen Therapien zu lindern und bestenfalls zu heilen.

Ein einziger Missbrauch genügt, um lebenslang geschädigt zu sein. Sexueller Kindesmissbrauch durch nahe Verwandte oder Bekannte findet meist viele Jahre lang statt, bevor er entdeckt wird. Um nur ein einziges Kind vor diesem Martyrium zu bewahren, ist es von uns Erwachsenen nicht zu viel verlangt, sich diese Gefahr bewusst zu machen, anstatt mit der Ausrede, ein Kind nicht unnötig ängstigen zu wollen, vor der eigenen Angst davon zu laufen und die eigene Ohnmacht fortzusetzen.

Löwin und Mickymaus

Zum Drüberreden, Überlegen, Ausprobieren und Üben

Unser Körper verrät anderen oft etwas darüber, wie wir uns fühlen. Schau dir die beiden Bilder an.

- Wer von beiden sieht ängstlich aus und wer stark und selbstbewusst?
- Kreuze das Bild an, auf dem das Kind selbstbewusst aussieht. Woran liegt das? Was ist unterschiedlich an den beiden Bildern?
- Stell dich selber mal so vor den Spiegel. Wie gefällst du dir besser? So sehen dich auch andere.
- Versuche, zuerst stark und mächtig dazustehen wie eine Löwin und dann zappelig und hampelig wie eine Mickymaus. Wen kann man leichter umwerfen?

Sozialisation bei Mädchen und Jungen

Überholte und neue Perspektiven

Täglich sind unsere Kinder Anpassungscodes über die Rollen von Mann und Frau unterworfen, wie sehr sich ihre Mütter und Väter inzwischen auch bemühen mögen, ihnen neue Perspektiven von Mann- und Frausein aufzuzeigen oder sogar schon vorzuleben.

Feste Vorstellungen darüber, wie eine »wirkliche« Frau und ein »echter« Mann zu sein haben, spuken immer noch überall um uns herum. Erwachsene neigen dazu, unbewusst die Erziehungshaltung ihrer Eltern und Großeltern zu wiederholen und ihre Kinder auf das »typische« Jungen- oder Mädchenverhalten festzulegen.

Einem Jungen wird beigebracht, dass ein »richtiger« Mann zu werden bedeutet, unaufhörlich nach beruflicher und sexueller Leistung zu streben und Durchsetzungsvermögen, Aktivität, Aggressivität, Macht und Stärke zu beweisen.

Ein Mädchen wird darauf geprägt, dass eine »wirkliche« Frau höflich, freundlich, attraktiv, anpassungsfähig, hilfs- und opferbereit, fröhlich und pflegeleicht zu sein hat. Außerdem muss sie freiwillig Arbeiten übernehmen und keinen Lohn oder keine Gegenleistung dafür verlangen, sich selbst nicht wichtig nehmen und immer an andere denken und für deren Wohlbefinden sorgen und den Mund halten, wenn es für andere unbequem ist.

Nach wie vor bewirken diese fest verankerten Geschlechterrollen ein Machtgefälle zwischen Männern und Frauen und auch zwischen Erwachsenen und Kindern. Von diesem Machtgefälle sind Mädchen in unserer Gesellschaft doppelt betroffen.

Das Bestreben, diese Rollen zu verändern, führt augenblicklich zu Ratlosigkeit und Verwirrung. Unsere Kinder bleiben vor nach außen hin scheinbar modernen und »emanzipierten« Trugbildern von »einem echten Kerl« und »einer tollen Frau« spätestens in den Werbepausen auf den unterschiedlichen Fernsehsendern nicht verschont. Gespannt dürfen sie in den Spots erfahren, dass ein Waschmittel bei einer Mutter Glücksgefühle produziert und eine Kuchenbackmischung einem Vater hausfrauliche Qualitäten verleiht.

Kinder sehen ein Sammelsurium aus »alten« und »neuen« Verhaltenscodes. Mama definiert sich nach wie vor über Erfolg im Haus, Papa zeigt jedoch auch, dass er zur »neuen Vätergeneration« taugt. Anderseits sind die »neuen« Frauen cool gestylt und hantieren mit dem Laptop so geschickt wie einst mit dem Lippenstift, und ziehen natürlich (dennoch) alle Männerblicke auf sich. Irgendwie hinterlässt diese Vermischung aus »eine Frau kann alles, was ein Mann kann und umgekehrt« auch gemischte Gefühle. Wer soll sich da noch auskennen?

Kinder können Erwachsenen sehr viel Klarheit über ihre natürliche Rolle und die natürliche Ordnung im Leben geben. Ein Kleinkind, das sich am Spielplatz wehtut, streckt seine Ärmchen Hilfe suchend Richtung Mama aus, selbst wenn es gerade sein Vater auf den Armen hält. Ein Mann, der sich seiner eigenen Werte und seiner Aufgaben sicher ist (Selbstwertgefühl) wird den weinenden kleinen Kerl auf dem schnellsten Weg in die Arme seiner Mutter legen. Kinder brauchen die ständige Gegenwart der Mutter und gedeihen am besten, wenn sie sicher sind, dass sie jederzeit sofort für sie da sein kann, selbst wenn sie schon in die Grundschule gehen und die meiste Zeit am liebsten mit ihren FreundInnen verbringen (Rückversicherungsbündnis).

Muttersein bedeutet aber nicht, dass Mütter, die dieses Bedürfnis ihrer Kinder gerne erfüllen wollen, deshalb in ihre vier Wände eingesperrt bleiben und ihre beruflichen Fähigkeiten nicht mehr anwenden können, bis ihnen die Decke auf den Kopf fällt. Oft treffen sie aus dieser tiefen Unzufriedenheit heraus die schwere Entscheidung, ihre Kinder zu früh oder zu lange von sich zu trennen, nur um wieder berufstätig sein zu können. Ganztagsschulen gehen an den Grundbedürfnissen von Kindern und Müttern vorbei und täuschen darüber hinweg, dass auf diese Weise nur das System von der Arbeitskraft der Frauen profitiert – auf Kosten der Kinder. Studien sollen die berechtigten Zweifel an der zu langen Fremdbetreuung der eigenen Kinder beschwichtigen, indem sie uns glauben machen wollen, Kinder kämen bestens mit dieser Form von Kindheit klar. Bekanntlich lässt sich für jede Theorie, die jemand beweisen will, irgendeine Bestätigung finden, aber auch ebenso viele Argumente, die sie widerlegen. Hier finden wir nur Meinungen, aber keine Orientierung.

In Ländern mit einer strikten Trennung von Privat- und Arbeitsleben können Mütter ihre Kinder nicht mehr zur Arbeit mitnehmen. Mütter in Naturvölkern arbeiten auch, aber sie tragen ihre Kinder immer bei sich – solange sie klein sind in einem Tragetuch unmittelbar am Körper. Anstatt Frauen die Kinder abzunehmen, wäre es gesünder für alle Beteiligten, mütter- und kinderfreundliche Arbeitsplätze für Frauen zu gestalten, die den Grundbedürfnissen und der naturgegebenen Mutterrolle entsprechen.

Dieser Ausflug in scheinbar ganz andere Themen war nötig, um ein paar Schlüsse für die Kindersicherheit ziehen zu können. Denn in dieser so geschaffenen Welt werden unsere Kinder groß. Eigentlich sollen sie sich darin so sicher fühlen, dass sie gute Zukunftschancen haben. Was sie daraus an Nahrung beziehen, werden sie als unsere Nachfolgegeneration wieder weitertragen.

Generell zieht sich durch die meisten Gesellschaften weltweit eine tief greifende Abwehr aller weiblichen Werte. Die meisten aufmerksamen Mütter *Jungs lernen eine abwertende Sprache.* und Väter werden bestätigen können, dass bereits im Kindergarten »frauenfeindliche«, meist dümmliche Sprüche kursieren. In der Schule machen sich die Jungen bereits in der ersten Klasse mit ihren Anspielungen auf weibliche Körperteile über die Mädchen lustig.

Woher haben sie das? Doch nicht etwa von zu Hause? Nein, nicht doch. Alexander hat es sicher von seinem älteren Bruder und der hat es wieder aus der Schule von Tobias und der hat es auch von seinem älteren Bruder und der hat es … Ja, woher haben sie es denn nun?

Egal woher – die uncoolen Sprüche kursieren auf dem Schulhof. Die Kids plappern sie munter nach und tragen so zu ihrer Verbreitung bei, wobei sie meistens noch gar nicht ganz verstehen, was sie da herumposaunen. Jungen, die nicht mitmachen, werden schnell ausgegrenzt und ebenfalls Opfer von Abwertungen wie Feigling, Angsthase, Schwächling, Petze oder Muttersöhnchen.

Nun ist es so, dass man sich ruhig gegen diese »latente« (oder ist es doch eine offene?) Frauenfeindlichkeit aussprechen darf. Aber wehe als Mutter tun Sie dies mit Nachdruck und versuchen, es zu unterbinden. Dann sind Sie gleich eine »Emanze« oder »Feministin« und die sind doch bekanntlich »männerfeindlich« und sollen sich mal nicht so anstellen! Fällt Ihnen etwas auf?

Erzieherinnen, oft selbst noch nicht Mutter, schlagen die Augen nieder und lächeln gekünstelt: »Das legt sich schon wieder.« Damit soll sich die nervige Mutter zufrieden geben. »Ist doch nicht so schlimm.« Wirklich nicht? Ist es nicht schlimm, wenn Ihre Tochter schon als Fünf- *Das eigene Unwohlsein nicht unterdrücken.* jährige von Jungs ausgelacht und verspottet wird, weil sie weibliche Eigenschaften und Körpermerkmale besitzt? Und vielleicht sogar schon selbst mitlacht und ihre anfängliche Unsicherheit, ob das denn cool ist oder eher doch nicht, bereits übergeht?

Anpassung heißt das Zauberwort, das weltweit die Sozialisation – das Verhalten des Menschen in der Gemeinschaft und Beziehung zu anderen – bestimmt. Anpassung an sich ist tatsächlich eine Meisterleistung der Natur. Ohne sie gäbe es kein Überleben. Aber Anpassung woran?

Kinder passen sich sogar an Gewalt in der Familie an, indem sie erschütternde psychische »Verrenkungen« anstellen, in dem verzweifelten Versuch, die Ordnung in ihrer Welt wiederherzustellen. Sie versuchen, Kontrolle über das chaotische und unberechenbare Verhalten der Gewalttäter zu bekommen, um sich wieder sicher fühlen zu können, indem sie sogar die Schuld für die erlittene Gewalt oder den Missbrauch bei sich suchen.

Das Gefühl »Ich bin schuld« gibt dem Kind insofern wenigstens etwas Macht und Kontrolle zurück, dass es scheinbar Einfluss auf die Situation hat. »Wenn ich schuld bin, muss ich mich ändern und dann ändert sich das Verhalten des anderen zu mir auch.« Dieser Trugschluss ist eine heimtückische Falle und ein Grund, warum Missbrauchsopfer so lange schweigen.

Hier schließt sich der Gedankenkreis. Wenn Kinder sich aus ihrem Überlebenstrieb heraus an die Gegebenheiten anpassen, die ihre Mütter und Väter für sie schaffen (oder zumindest zulassen), spielt es eine große Rolle, woran sich ihre Mütter und Väter anpassen.

Bereits in den Schulen findet »Mobbing« unter Kindern statt. Behinderte oder ausländische Kinder werden in manchen Fällen so fertig gemacht, dass ihre Familie überlegt, sie in eine andere Schule zu geben. Auch hier beginnen oft zwei Schüler mit dem Mobben, andere Kinder schließen sich an oder gucken weg (wie häufig auch die Mütter, Väter und Lehrer). Dadurch wird das Opfer gezwungen, zusätzlich zu der seelischen Qual noch weitere Unannehmlichkeiten in Kauf zu nehmen (ein Umzug, ein Schulwechsel), anstatt dass Erwachsene es schützen und den mobbenden Klassenkameraden deutliche Grenzen setzen.

Wenn Sie jetzt meinen, es lohne sich nicht, sich über mädchenfeindliche Kindergartensprüche oder Mobbing unter Kindern aufzuregen, sind Sie gut angepasst. Damit Ihr Sohn sich nicht lächerlich machen muss, nur um sich als »Junge« durch die Abwertung von Mädchen zu definieren, und um Ihre Tochter schon jetzt dabei zu unterstützen, sich nicht minderwertiger vorzukommen, weil sie weiblichen Geschlechts ist, würde es sich lohnen, unangepasst Stellung zu beziehen. Wenn die Sprücheklopfer kein Gelächter ihrer Kumpels oder keine Verlegenheit der Mädchen mehr ernten, erfüllen sie ihren Zweck nicht mehr, der wie bei jeder Abwertung darin besteht, sich selbst aufzuwerten.

> **Geben Sie Ihrer Tochter und Ihrem Sohn mit auf ihren Weg zur Frau und zum Mann, dass**
> - **sie/er wertvoll und liebenswert ist, so wie sie/er ist,**
> - **es etwas ganz Besonderes ist, wie sie/er denken und fühlen zu können,**
> - **sie/er ganz besondere weibliche/männliche Fähigkeiten hat,**
> - **weibliche/männliche Fähigkeiten einmalig und nicht zu kopieren sind,**
> - **ein Mädchen nicht brav, zurückhaltend und angepasst sein muss,**
> - **sie/er sich keinem fremden Willen unterordnen muss,**
> - **sie/er sich zu nichts zwingen lässt, was ihr/ihm nicht gut tut,**
> - **sie/er sich nicht von abwertenden Urteilen anderer verunsichern lässt,**
> - **sie/er sich nicht selbst abwertet,**
> - **ein Mädchen weder von Kritik noch (männlicher) Anerkennung und Liebe abhängig ist,**

- sie/er Nein sagen darf, wenn etwas gegen ihr/sein Wohl und ihr/sein Wissen und Gewissen geht,
- sie/er Solidarität mit Menschen (Opfern, Hilfsbedürftigen) lernt,
- sie/er den Vater-(Mutter-)Willen nicht mit Liebe verwechselt (»Ich will doch nur dein Bestes«),
- Muttersein ein hoch qualifizierter Beruf ist,
- Mütter den Respekt und die Unterstützung der Gesellschaft verdienen,
- Frauen schöpferisch, bewahrend und stark sein können,
- Frauen sich nicht länger unterordnen, verzichten und opfern dürfen,
- ein Mädchen von Jungen und Männern Respekt, Schutz und Verantwortung erwarten darf.

»Jungenarbeit« muss neu definiert werden und auch ihnen müssen wir wie den Mädchen neue Denkmuster mit auf den Weg geben. Außerdem ist Jungenarbeit eine Prävention gegen gewalttätiges und frauenfeindliches Verhalten von Jungen. Sie wird noch sehr vereinzelt in Schulen und sogar Kindergärten angeboten. Diese Gruppen entstanden aus Aktionen gegen Männergewalt und Vereinen gegen Gewalt gegen Frauen und Kinder (siehe Anhang).

Die international größte Bewegung von Männern ist die in Kanada gegründete »White Ribbon-Kampagne« (Kampagne der weißen Schleife) gegen Männergewalt. Sie möchte Männern den Missstand männlicher Gewalt besonders in Beziehungen bewusst machen und ihr entgegenwirken. Michael Kaufmann, Mitgründer der WRC, schreibt zu den Zielen seiner Initiative: »Vor allem bedeutet dies, mit der Arbeit im Schulsystem zu beginnen. Dies tun wir, um Jungen anzusprechen, deren Einstellung zum anderen Geschlecht und zu sich selbst noch nicht ausgereift ist ... Es steht immer mehr im Mittelpunkt von WRC, Vorsorge für junge Leute zu treffen, vor allem für Jungen, um ihnen die Möglichkeit zu geben, sich selbst weiterzubilden in Bezug auf das Problem Gewalt gegen Frauen, und Wege zu finden, gesunde Beziehungen zu entwickeln.«[14]

Angesichts der Statistik über Männergewalt (die Zahl der weiblichen Täter ist global gesehen sehr gering) warten wir immer noch auf die »neuen Männer«, die unsere Welt dringend bräuchte.

Viele Mütter und hoffentlich auch immer mehr Väter setzen sich mit dem Thema auseinander und versuchen, die Kräfte ihrer Söhne in andere Bahnen zu lenken und ihnen ein anderes Bild von sich als Mann zu vermitteln. Ein Großteil der Taten, die von Männern seit Jahrtausenden begangen werden, geschieht auch heute noch durch ein mangelndes Unrechtsbewusstsein. In aller Regel sind Männer so gepolt, dass sie die Schuld lieber bei anderen suchen und Schuld und Verantwortung lieber auf andere schieben, als Eigenverantwortung zu übernehmen. Verdrängt werden auf diese Weise Millionen Opfer (weltweit täglich 40 000 Kinderhungeropfer, Kriegs-, Vergewaltigungs-, Flüchtlings- und Verkehrsopfer, Mord- und Totschlagsopfer, Opfer von Nahrungs- und Umweltvergiftung, Massentieropfer, Regenwaldopfer usw.). Eine Liste, die uns erschüttern und aufrütteln sollte.

Obwohl Jungen ebenfalls Opfer von Gewalt und sexuellem Missbrauch werden, bilden Gewalttäter und Sexualstraftäter ihr Verhalten in der Regel als Jungen heraus. Als Gewaltprävention bei Jungen muss sowohl ihre Opfer- als auch ihre Täterrolle berücksichtigt werden.

Die Forschung weist deutlich nach, dass »Jungen, die in gesunden, liebevollen Familien ohne Vater aufwachsen, keine erkennbaren Anzeichen für psychische Störungen aufweisen.«[15] Nicht das Fehlen eines Vaters ist die Ursache für ihre mögliche Gewaltbereitschaft, sondern die Orientierung an männlicher Macht und Gewalt.

Jungen mit Vätern, von denen sie misshandelt oder missbraucht werden, neigen in vielen Fällen dazu, sich mit dem gewalttätigen Vater zu verbünden und die Gewalt, Demütigung und Verachtung wieder an anderen zu verüben. Ein unzuverlässiger, rücksichtsloser oder gewalttätiger Vater wird seinem Sohn genau diese Eigenschaften als »Vorbild« vermitteln.

Die Identifikation mit dem Männlichkeitsbild von Dominanz, Macht, Leistung, Härte, Überlegenheit, Verfügungsgewalt über Frauen und Kinder und Erfolg (auch sexuellem Erfolg) zu verhindern und durch andere (Vor-)Bilder und

Wertmaßstäbe zu ersetzen, wäre ein wesentlicher Schritt in der Sozialisation von Jungen.

Es lohnt sich also, wenn Sie Ihrem Sohn besonders mit auf den Weg zum Mann geben, dass

- er sich nicht mit übergriffigem, mädchen- und frauenfeindlichem Verhalten solidarisiert,
- er sich keine gewalttätigen Helden als Vorbilder nimmt,
- der Körper eines Mädchens, einer Frau oder eines Kindes nicht benutzt werden darf,
- er für seine Taten voll verantwortlich ist,
- er Mitgefühl, Selbstdisziplin und Eigenverantwortlichkeit lernt,
- er lernt, Grenzen zu respektieren,
- er lernt, dass seine Bedürfnisse nicht vorrangig vor denen anderer sind,
- er männliche Kraft zum Schutz seiner selbst und anderer einsetzt,
- er Respekt vor weiblichen Fähigkeiten lernt,
- er lernt, der Familie Achtsamkeit, Schutz und Unterstützung zu geben,
- er sich als vertrauenswürdig erweisen muss,
- er Unrecht erkennt und sich dagegenstellt,
- er sich an Menschen orientiert, die emotional, zwischenmenschlich und sozial kompetent sind.

Damit aus Jungen keine Täter und aus Mädchen und Jungen keine Opfer werden, dürfen sie von ihren Müttern und Vätern lernen, dass

- sie ihre Fähigkeiten und ihre Kraft für Veränderungen von Missständen einsetzen können,
- sie ihre Fähigkeiten zum Schutz allen Lebens einsetzen können,
- sie absolut fähig sind, Unrecht zu entlarven und zu verhindern.

Teil 2 **Kinder üben Selbstschutz**

Kindersicherheitstraining

Lernen, Gefahren zu erkennen und zu vermeiden

Welche Haltung und welches Bewusstsein ein Kind von seiner Mutter und seinem Vater braucht, um gut geschützt zu sein und selbst stark zu werden, haben wir in Teil 1 besprochen.

Den zweiten, ganz wesentlichen Aspekt bildet das Training außer Haus. Wichtig ist, dass Kinder auch von einer unabhängigen Person – einer Trainerin oder einem Trainer – etwas über riskante und gefährliche Situationen in ihrem Alltag erfahren und bei ihr oder ihm üben, wie sie sich wehren können.

Für manche Kinder ist vor allem die Erlaubnis wichtig, nicht angepasst oder »still und brav« sein zu müssen. Sie brauchen Ermutigung und Rückenstärkung. Andere wiederum brauchen eher Grenzerfahrungen, in denen sie lernen, ihre von »Superman-Träumen« genährte Selbstüberschätzung auf ein realistisches Maß zurückzuschrauben.

Manche Mütter und Väter halten ein Kindersicherheitstraining für nicht so wichtig und glauben, es genüge, ihr Kind selbst vor Gefahren zu warnen. »Geh mit keinem Fremden mit«, »Nimm von keinem Fremden Süßigkeiten an« und »Öffne niemandem die Tür« sind Standardsätze, die wir schon von unseren Eltern hörten. Zum einen können sich Kinder nicht vorstellen, wozu das Ganze gut sein soll. Zum anderen schalten sie wie bei den meisten Ratschlägen »auf Durchzug«. »Okay, Mami« heißt also noch lange nicht, dass es im Ernstfall auch klappt.

Die Erfahrung zeigt vielmehr, dass es im Ernstfall eben gar nicht klappt. In unserer Schule wurden die Familien von der Schulleiterin benachrichtigt, dass ein Mädchen aus der ersten Klasse auf dem Nachhauseweg von einem

WO-DE-SICHERHEITSSCHULUNGEN

Das WO-DE-Konzept entstand 1983 und wurde verantwortlich von Holger Schumacher (u.a. ehemaliger Angehöriger des Mobilen Einsatzkommandos der Polizei Hamburg, psychologisch ausgebildeter Erstsprecher für Geiselnahmen, 8-facher Deutscher Meister im Karate- bzw. Ju-Jutsu-Wettkampf) in Zusammenarbeit mit PsychologInnen, SoziologInnen, PädagogInnen, Erzieherinnen, Einsatztrainern der Polizei und qualifizierten Budosportlern entwickelt. Auch heute noch wird es in regelmäßigen Aus- und Weiterbildungen weiterentwickelt.

Die Abkürzung WO-DE bedeutete ursprünglich WOmen-DEfence, da sich unser Konzept vor 20 Jahren ausschließlich an Frauen richtete. Seit nun mehr 10 Jahren bieten wir unsere Seminare auch für Kinder und Jugendliche sowie für Männer an. Inzwischen haben über 45.000 Menschen erfolgreich daran teilgenommen (Stand 2004).

Der zeitliche Rahmen pro Seminar beträgt 12–16 Std. an 3–4 Tagen. Ein Elternteil pro Familie ist während des gesamten Seminares anwesend, um sich entsprechende Notizen über Inhalte, Übungsanleitungen oder gemeinsame Hausaufgaben zu machen. Es werden so viele Informationen weitergegeben, die sich die Kinder nicht merken können und müssen, denn die Prävention liegt auch nach einem WO-DE-Seminar weiterhin bei den Eltern, nicht bei den Kindern. Und zur Prävention gehört auch, das neu erworbene Wissen zu Hause zu besprechen, gemeinsam zu üben und auszuprobieren.

Vorrang bei den Seminaren hat grundsätzlich die verbale Selbstbehauptung, die Verhinderung eines Kampfes mit allen Mitteln. Sie wird v.a. in Rollenspielen trainiert. Ist die Grenze zur körperlichen Auseinandersetzung überschritten, muss sich der Einsatz der aktiven Gegenwehr auf die Beendigung des Kampfes richten, um sich die Chance zur Flucht zu ermöglichen.

Eine realistische Selbstverteidigung benötigt keine (wie z.B. im Budosport) 100 und mehr unterschiedliche Abwehr- und Angriffstechniken, die zudem überwiegend realitätsfremd sind, sondern wenige Bewegungen, die aber, wenn sie entschlossen angewandt werden, auch die Angriffsunfähigkeit des Angreifers (männlich wie weiblich) zur Folge haben können.

Diese Art der Selbstverteidigung, die ca. 25% des Seminarablaufes einnimmt, wird in den WO-DE-Seminaren gelehrt und trainiert. Die Kinder werden dieses ausschließlich mit und an TrainerInnen üben. Der Trainer wird zu einer Art Lehrer und hat Vorbildfunktion. Durch die Auffrischungskurse (ein Nachmittag nach ca. einem halben Jahr) wird er zu einer »festen Größe« im Leben der Kinder. Was er sagt, nehmen sie ernst. Durch die zuverlässige Wiederholung festigt sich das Gelernte. Wie alles, was Kinder regelmäßig aufnehmen, wird es integriert – zu einem Teil ihres Verhaltensrepertoires.

Die WO-DE-Seminare sind dem Alter und dem jeweiligem Entwicklungsstand angepasst und es wird individuell auf die Kinder eingegangen. Sollte ein Kind am Ende im Rahmen seiner individuellen Fähigkeiten nicht den Erfolg erreicht haben, den sich der verantwortliche Trainer objektiv vorstellt, kann und sollte das WO-DE-Seminar unentgeltlich wiederholt werden. (Adressinformationen siehe Seite 189.)

Es wird in den WO-DE-Seminaren explizit darauf geachtet, dass keine Ängste oder Feindbilder aufgebaut werden, denn das Leben ist schön!

Mann angesprochen worden war. Es gab bereitwillig Auskunft auch darüber, wie lange es nach der Schule alleine daheim ist. Der Mann sagte dem Mädchen, er würde es am nächsten Tag nach Hause begleiten. Zum Glück erzählte das Kind sofort seiner Mutter davon. Der Schulweg wurde am nächsten Tag von der Polizei kontrolliert.

Angeblich war das Mädchen von den Eltern »vorgewarnt«, nicht mit Fremden zu gehen. Außerdem fand zu Beginn des ersten Schuljahres eine Stunde über Kindersicherheit auf dem Schulweg statt. Aber das alles reichte in diesem Ernstfall nicht. Den Fragen des Fremden und potenziellen Täters – und noch mehr seinen Manipulationen – war es hilflos ausgeliefert.

Zu Beginn des Kindersicherheitstrainings lässt sich die Mehrheit der Kinder im Rollenspiel von Erwachsenen ansprechen. Anfangs sind ihnen auch die Trainer noch fremd und die Kinder reagieren in der nachgespielten Szene möglicherweise so, wie sie sich auch in Wirklichkeit verhalten würden. Sie hören dem Fremden bereitwillig zu und dulden, dass er endlos lange auf sie einredet und sie auf unterschiedliche Weise manipulieren will. Zwar spüren fast alle Kinder, dass an dem Verhalten des Erwachsenen etwas nicht in Ordnung ist. Sie sagen Nein, aber leise, zögernd und unentschlossen – manche sogar bis zu dreißig Mal wie in der folgenden Situation:

> ▓ **Trainer Holger Schumacher steht mit Benedikt in der Mitte, Benedikt in einem Meter Abstand vor ihm. »Na, Kleiner! Hast du Lust, dir mal meine Yu-Gi-Oh-Sammlung anzusehen? Komm mal mit! In meinem Auto da drüben hab ich einen ganzen Karton voll.« Benedikt ist unsicher, aber interessiert. Er tritt von einem Bein aufs andere. Sein Nein klingt nicht sehr überzeugend. Holger macht weiter: »Na, jetzt komm doch mal mit. Es ist doch gleich da drüben. Ich schenk dir auch ein paar Karten. Du magst doch Yu-Gi-Oh?« Benedikt nickt. »Dann hab dich doch nicht so! Komm, es geht auch ganz schnell. Ich will dir doch nur was zeigen.« Benedikt schüttelt den Kopf. Sein Nein ist immer noch sehr leise. Er steckt den Kopf zwischen die Schultern, guckt vor sich auf den Boden und wirkt verlegen und unsicher. Man spürt, dass ihm der Fremde zu aufdringlich ist und er sich unbehaglich fühlt, aber er lässt es mit sich machen. Der potenzielle Täter bedrängt ihn weiter. Benedikt sagt insgesamt dreißig Mal Nein und bleibt wie angewurzelt stehen.**

**Der Trainer beendet die Szene, indem er aus der Rolle schlüpft und Benedikt er-
mutigt, spätestens nach dem dritten Nein wegzugehen. Wie sie in der Realität
ausgegangen wäre, lässt sich nicht genau sagen. Die Gefahr, in der Benedikt
schwebte, war aber deutlich spürbar. Warum ist er nicht einfach weitergegan-
gen? Warum hat ein völlig fremder Mann so viel Macht über ihn, dass er sich
nicht traut?**

Kinder sind von Natur aus vertrauensvoll und neugierig. Oft sind sie ganz
scharf auf allen möglichen modischen Firlefanz und lassen sich locken und
einwickeln.

Obwohl manche Mütter und Väter es in der oben geschilderten Szene fast
nicht mehr aushielten, durften sie Benedikt nicht mit Zurufen (»Lass dich nicht
drauf ein!« oder »Lass den Kerl doch endlich stehen und geh weiter!«) helfen.
Die Gesichter der Mütter und Väter zeigten Betroffenheit. Benedikt bleibt nicht
der Einzige, der sich am ersten Kurstag endlos lange »zuquatschen« lässt. Aber
das war das letzte Mal. Im Training und durch regelmäßige Wiederholung lernen Kinder: Spätestens nach dem dritten Nein ist Schluss!

Widerstand gegen Manipulationen und Verlockungen bieten und vor allem durchzuhalten, können Kinder nur durch wiederholtes Training lernen.
Dies geschieht im Kindersicherheitstraining. Mütter und Väter sind danach
aufgefordert, das dort Gelernte zu wiederholen, was wiederum aber nicht die
Auffrischungen überflüssig macht. Denn durch den Kurs bekommt das Erfah-
rene und Erlernte Wirklichkeitsnähe und durch den Trainer einen »offiziellen
Touch«.

Zwar ist die präventive Aufklärung zum Thema Kindersicherheit, die in
manchen Schulen angeboten wird, ein guter Ansatz. Lehrer berichten jedoch,
dass die Kinder den kurzen Vorträgen nicht folgen und das Gehörte nicht auf
die Wirklichkeit beziehen und umsetzen können.

Manche Mütter oder Väter äußern die Sorge, ihr Kind könnte durch das
Training Angst bekommen. Mit diesem verständlichen Problem setzen sich
wahrscheinlich die meisten Erwachsenen auseinander, bevor sie sich für den
Kurs entscheiden. Wer würde seinen Kindern nicht lieber eine heile Welt erhalten?

In einem Rollenspiel lockt Trainer Holger Schumacher einen Jungen mit Süßigkeiten: »Du hast von mir einen Bonbon angenommen, jetzt musst du auch etwas für mich tun!« Damit die Kinder solchen Manipulationsversuchen erst gar nicht ausgesetzt sind, dürfen sie niemals etwas von Fremden annehmen, noch nicht einmal den kleinsten Bonbon. Es geht dabei nicht um »vergiftete« Süßigkeiten, sondern um die Problematik der vermeintlichen Verpflichtung diesem Menschen gegenüber. Damit werden wir sicherlich einigen Menschen – in erster Linie älteren Menschen – Unrecht tun, die etwas aus reiner Freundlichkeit geben möchten. Doch v.a. hochwertige Geschenke, Geldbeträge oder die Erfüllung eines Herzenswunsches der Kinder werden in der Realität niemals uneigennützig angeboten. Es fällt Ihren Kindern leichter, der Verlockung zu widerstehen, wenn sie immer ein paar Cent für die kleinen Wünsche in der Tasche haben.

Doch spätestens dann, wenn wir mit unseren Kindern unterwegs vielleicht an einem Zeitungskasten vorbeikommen und auf der ausgestellten Zeitung ein vermisstes Kind abgebildet ist, kommen irgendwann die ersten Fragen auf uns zu oder unser Erstklässler fängt selbst an, die Schlagzeilen zu lesen. Was dann?

In diesem Fall haben Sie als Mutter oder Vater es sogar viel leichter, wenn Sie mit Ihrem Kind bereits ein Training besucht haben. Dann ist es für Sie ganz selbstverständlich, darüber sprechen zu können und die passenden Worte zu finden, um die Situation realistisch, aber nicht übertrieben zu schildern.

An dieser Stelle sei noch einmal darauf hingewiesen, dass die Medien Schreckensszenarien darstellen, weil sie mithilfe von Sensationsmeldungen miteinander konkurrieren (und viele Schreckensnachrichten die Realität verzerren), sodass wir die tatsächliche Gefahr nicht mehr richtig einschätzen können. Dies sollten wir auch unseren Kindern vermitteln.

Kinder bekommen schnell einmal Angst und reagieren dann auch sehr heftig, aber ebenso schnell beruhigen sie sich und finden wieder Vertrauen. Es ist auch die einzig ehrliche Reaktion, über das verschwundene oder ermordete Kind zu weinen. Auch Erwachsene würden dies am liebsten tun. Die Angst vor der Reaktion des Kindes und davor, es könne unnötig Angst bekommen und man müsse deshalb alles Beunruhigende von ihm fernhalten, ist häufig die Angst des *Erwachsenen* vor seinen *eigenen* Gefühlen. Die Angst des Kindes erinnert an die eigene Angst und die würden viele lieber vermeiden. Vielleicht auch deshalb, weil sie nicht die Erfahrung machten konnten, dass Angst grundsätzlich gut und unsere wichtigste Schutzfunktion ist.

Warum also sollten wir nicht einmal weinen und Angst haben? Tränen sind heilsam und Angst macht wachsam. Das Entscheidende ist vielmehr, wie es danach weitergeht – der *Umgang* mit der Angst und Unsicherheit.

Im Kurs werden die Kinder selbstbewusster und können sich besser behaupten und durchsetzen und sie lernen, Situationen einzuschätzen, mit denen sie in der Realität konfrontiert werden und die gut vorstellbar für sie sind.

Wer kein Werkzeug für den Umgang mit Angst hat, fühlt sich der Gefahr ausgeliefert. Daher stärkt das Training auch das Vertrauen der Mütter und Väter, nicht mehr ohnmächtig zu sein, weil sie mit ihren Kindern

- ihre Wahrnehmung schulen können,
- ihren gesunden Schutzinstinkt entwickeln können,
- Gefahren erkennen und vermeiden können.

Wenn Kinder Kampfsport betreiben, dient dies manchen Müttern oder Vätern als Argument gegen die Teilnahme an einem Kindersicherheitstraining. Tatsache ist, ein Siebenjähriger, der bereits stolzer Besitzer des gelben Gürtels in Karate ist, kann zwar mit dem Fuß ein Sperrholzbrett entzweischlagen, aber den Manipulationen und Strategien von potenziellen Sexualstraftätern hat er nichts entgegenzusetzen.

Wird die Gefahr, die von einem Täter, der eine Straftat an einem Kind plant, von dem angesprochenen Kind nicht erkannt, kommt es womöglich in eine Situation, aus der es sich nicht mehr befreien kann – auch nicht mit Kampfsporttechniken. Ein erwachsener Mann ist einem Kind immer überlegen. Auch das lernen sowohl Kinder als auch ihre Mütter und Väter eindrucksvoll im Seminar.

Eine Sportart zu trainieren und darin immer erfolgreicher zu werden, stärkt natürlich auch das Selbstbewusstsein. Gleichzeitig wiegt es ein Kind womöglich in der falschen Sicherheit, »groß und stark« zu sein. Karate beispielsweise wird in einer Sporthallensituation trainiert, die nicht mit der Situation auf der Straße vergleichbar ist, in die das Kind womöglich gerät.

Falls ihm dort etwas passiert, kann es nicht abrufen, ab wann es welche Haltung und Abwehrtechniken anwenden soll. Der Angriff eines Täters wird auch nicht so stattfinden wie in der Trainingsstätte. Da Zeit bei der Überrumpelung ausschlaggebend ist und ebenso die blitzschnelle Reaktion des Opfers, liegt hier ein weiterer Schwachpunkt. Bevor das Kind überhaupt begreift, was geschieht, ist es bereits unterlegen.

Die Prävention durch die im Kindersicherheitstraining erworbenen Ressourcen verhilft dem Kind dazu,

- eine Situation sofort als mögliche Gefahr zu erkennen,
- vom ersten Moment an auf Distanz und in innere und äußere Abwehrhaltung zu gehen,
- nicht ahnungslos zu bleiben, um dann leicht überrumpelt zu werden.

Diese Verhaltensweisen senken das Risiko. Sie können nicht im Sporttraining erworben werden.

Die dritte Frage, die Mütter und Väter vor dem Kursbesuch beschäftigt, dreht sich um das Alter des Kindes. Das Kind sollte sinnvollerweise vor seiner Einschulung oder im Laufe der Grundschulzeit an einer Kindersicherheitsschulung teilnehmen. Irgendwann wird es womöglich alleine in die Schule gehen, selbstständiger und nicht mehr ständig in Begleitung von Mutter oder Vater unterwegs sein wollen.

Es ist die Aufgabe der erfahrenen Trainer, Ihr Kind kennen zu lernen und Sie am ersten »Probetag« zu informieren und zu beraten. Auf die Kompetenz und Erfahrung der hoch qualifizierten Seminarleiter können Sie sich verlassen.

Manchmal lehnen Kinder die Teilnahme an einem Kurs ab. Kommen Sie mit Ihrem Kind auch dann zu einem Probetag, wenn es »keinen Bock« hat, denn es kann die Tragweite seiner Entscheidung noch nicht abschätzen. Lassen Sie es argumentieren und Sie – und Ihr Kind – werden schnell merken, dass es keine guten Argumente dagegen gibt zu lernen, wie man stark wird und sich gut schützen kann. Beim Probekurstag können Sie und Ihr Kind dann mit dem Trainer darüber sprechen und sich beraten lassen.

Jede Mutter und jeder Vater wird sich früher oder später damit auseinander setzen, wie er seinem Kind die bestmögliche Prävention für sein Leben mitgeben kann. Auch die Erwachsenen müssen in die Aufgabe hineinwachsen, sich

Der Kampf, der nicht stattfindet, ist der beste Kampf! Kampfsport ist nicht geeignet, um sich in der Rea-
lität damit effektiv zu verteidigen, weder für Erwachsene noch für Kinder (es sei denn, man ist Welt-
meister oder Judo-Bundesliga-Kämpferin etc.). In realitätsnahen Rollenspielen wie diesem können die
Kinder im Sicherheitstraining mit den Trainern ausprobieren, wie weit sie in einer körperlichen Ausein-
andersetzung mit einem Erwachsenen kommen. Jeder Konflikt beginnt verbal und hier muss mit der
Konfliktlösung begonnen werden – u.a. durch die Entwicklung der sprachlichen Kompetenz. Hat das
Kind keine andere Möglichkeit, muss es jedoch auch einen körperlich überlegenen Menschen be-
kämpfen. Sobald ich mich verteidige, kann ich gewinnen. Verteidige ich mich nicht, habe ich verloren.
Besser wäre jedoch, wenn wir alle, Kinder wie Erwachsene, aufmerksamer und verantwortungsbe-
wusster wären, um uns in Notsituationen gegenseitig beizustehen.

Oft taucht die Frage auf, wie alt Kinder sein sollten, um ein Kindersicherheitstraining zu besuchen. Manche Mütter und Väter fragen sich, ob ihr Kind wohl schon so weit ist, dass es einen Vormittag lang konzentriert bei der Sache bleiben kann (obwohl das Kindersicherheitstraining natürlich auch viel Bewegungsmöglichkeit bietet). Oft unterschätzen sie ihr Kind jedoch.

In den Seminaren zeigt sich zudem, dass auch schon Kindergartenkinder sehr wohl in der Lage sind, sich in einem Rollenspiel durchzusetzen, wenn sie entschieden auftreten. Sich erfolgreich zur Wehr zu setzen ist nicht vom Geschlecht, dem Alter oder der Körpergröße abhängig. Die Glaubwürdigkeit hängt vor allem von Körpersprache, Gestik und Mimik und von der inneren Entschlossenheit ab, mit der wir unsere Grenzen verteidigen.

gemeinsam mit dem Kind auf das Thema einzulassen. Deshalb ist im Seminar die Anwesenheit eines Elternteils oder einer engen Bezugsperson des Kindes erforderlich. Auch hier wachsen wir mit unseren Kindern mit und dürfen uns selbst weiterentwickeln.

Angst schützt uns

Den natürlichen Schutzinstinkt nutzen

Angst hat ganz viel mit Vertrauen in sich selbst und das Leben zu tun, obwohl das auf den ersten Blick widersprüchlich erscheint. Unsicherheit entsteht durch eine getrübte Wahrnehmung oder Verwirrung der Gefühle.

In der Natur – auch der des Menschen – entsteht Angst in einer konkreten Gefahrensituation wie bei einer Naturkatastrophe und beim Aufeinandertreffen natürlicher Feinde. Mit der Zivilisation, in der das Leben von der Natur abgegrenzt und nicht mehr in sie eingebettet stattfindet, kamen neue Risiken hinzu, die von Natur aus eigentlich nicht vorgesehen sind wie Krieg und die Bedrohung des Menschen durch den Menschen.

Es ist eine durchaus realistische Einschätzung, dass die Menschen in unserer Gesellschaft am meisten Angst vor der Gewalt, Macht und dem Vertrauensmissbrauch durch andere Menschen haben. Um das auszuhalten, müssen sich Menschen eine Menge vormachen – sich selbst und anderen. Auch Mütter und Väter ihren Kindern. Und damit die innere Stimme übertönen.

Wenn der Vater oder die Mutter herumbrüllt, fühlt sich das Kind bedroht. Denn wie bei Tieren ist das Brüllen eine Reaktion in einer Notsituation, um Gefahr abzuwenden, und daher sehr heftig. Brüllen zeigt die Kraft, die dahintersteckt, und warnt den anderen. Daher schlägt ein Tier mit seinem Gebrüll einen potenziellen Feind in die Flucht.

Die Verharmlosung aggressiven Verhaltens (»Papa/Mama ist nach der Arbeit müde und genervt«) ist eine erste Verzerrung der Realität und vernebelt, was das Kind tatsächlich wahrnimmt. Außerdem lernt es entgegen der ursprünglichen Funktion des Brüllens, die es instinktiv kennt, dass es okay ist, derart bedroht zu werden, weil es ja nicht so schlimm ist.

Durch dieses Bagatellisieren geschieht zweierlei: Die Tat wird nicht mehr als das wahrgenommen, was sie ist, und die eigene, der Tat angemessene Gefühlsreaktion wird unterdrückt. Dies lähmt den Selbstschutzinstinkt. Frauen, die sich oft erst nach vielen Jahren aus Gewaltbeziehungen befreien konnten oder den Missbrauch an ihren Kindern entdeckten, berichten von dieser Wahrnehmungstrübung und fragen sich: »Wieso habe ich das nicht früher gemerkt?«

Für den Kinderschutz ist es daher wichtig, Kindern eine klare Orientierung bezüglich der Verhaltensweisen anderer Menschen zu geben. Auch wenn ihr Kind in der Schule von einem anderen geschlagen wird, sollten Mütter und Väter deutlich darauf reagieren. Kinder haben sich schon immer geprügelt, sind manchmal grob und unvorsichtig – aber rechtfertigt das die Beule an der Stirn Ihrer Tochter? Wenn andere Gewalt tabuisieren, braucht Ihr Kind Rückendeckung von Ihnen. Auch wenn es das andere Kind provoziert hat: Benennen Sie seinen Anteil an dem Streit, aber gehen Sie gegen die Gewalt vor, indem Sie das andere Kind darauf hinweisen. Egal, ob es Ihr Kind absichtlich oder »im Affekt« auf die Stirn gehauen hat, muss es lernen, besser aufzupassen.

Ihr Kind wiederum bleibt stark, weil es eine Mutter und einen Vater hat, auf die es sich verlassen kann. Es ist es Ihnen wert, dass Sie sich mit ihm gegen erlittene Gewalt verbünden. Das gibt ihm das Gefühl, seine Wahrnehmung (»Das ist nicht okay«) war richtig. So bleibt das Vertrauen in die Welt und sich selbst erhalten. Durch die konkrete Reaktion wird die Gefahr abgewendet. Die Angst kann sich auflösen.

Dies ist die natürliche Schutzfunktion der Angst: Sie kommt auf, warnt und nach der Lösung der Situation verschwindet sie wieder. Sie hat uns vor einer gefährlichen Situation bewahrt und geschützt. Wenn Angst so funktioniert, können wir daraus Vertrauen ins Leben beziehen. Wo wir Angst spüren, sollten wir reagieren.

In diesem Rollenspiel arbeitet Holger Schumacher mit einer Masche, die sowohl gleichaltrige als auch erwachsene Täter Kindern gegenüber oft anwenden: Sie stellen die Wahrnehmung des Kindes als übertrieben oder falsch dar. »Was, ich? Du spinnst wohl! Ich mache doch gar nichts!« Kinder müssen daher in der Lage sein, ihrer eigenen Wahrnehmung, dem Bauchkribbeln zu vertrauen. Bauchkribbeln (Angst) ist gut, weil es uns vorsichtig macht! Sobald das Kind schlechte Gefühle hat, ist es völlig irrelevant, was der andere von ihm will. Wichtig ist jetzt nur, dass es die eigenen Ziele verfolgt. Will es nach Hause, geht es nach Hause, ohne Diskussion. Indem es z.B., wie hier gezeigt, in Worten und Gestik sagt: »Lassen Sie mich vorbei!«

Unterstützen Sie Ihr Kind, indem Sie seine Gefühle ernst nehmen. Ein Kind stürzt und weint, der Vater sagt: »Stell dich nicht so an, das hat doch gar nicht weh getan.« Wenn es kein Schmerz war, was hat das Kind denn gerade empfunden? Besser: »Ja, das hat bestimmt weh getan, aber sieh, du bist nicht verletzt. Ich denke, wir können weitergehen.«

Wir alle sind aufgerufen, anderen in Notsituationen verantwortungsbewusst beizustehen. Ein Kind wird z.B. wie in diesem Rollenspiel auf dem Schulhof gegen den eigenen Willen weggezerrt. Weil sie das bemerkt haben oder weil das Kind um Hilfe ruft, sollten sich jetzt mehrere Kinder zusammenschließen, sich vor diesem Menschen positionieren, um ihn dann lautstark anzurufen: »Lassen Sie das Kind los!!« (permanent wiederholen). Parallel dazu sollte ein Kind unter Anwendung der sechs Hilfesätze (siehe S. 77) einen Erwachsenen holen.

Als Erwachsener löse ich diese Situation mit zwei Fragen, einer Aufforderung und einer Feststellung. An das Kind gerichtet: »Kennst du diesen Mann/diese Frau? « und »Willst du mit diesem Mann/dieser Frau mitgehen?« Werden beide Fragen verneint, wende ich mich an den Erwachsenen und fordere: »Lassen Sie sofort das Kind los!« Sollte dies nicht umgehend geschehen und kann ich die wahren Motive meines Gegenübers nicht überprüfen, stelle ich fest: »Dann rufe ich jetzt die Polizei«, um dieses dann auch umgehend auszuführen.

Kinder wollen ihre Angst kennen lernen. Sie wird in den unterschiedlichsten Spielen, durch Geschichten und Filme thematisiert. Wie fühlt sich Angst an? Kinder nennen das meist »ihr Bauchkribbeln«. Wenn sie gefragt werden, wo sie die Angst spüren, zeigen sie auf ihren Bauch.

Die Rollenspiele im Kindersicherheitstraining kommen dieser natürlichen Entwicklung der Kinder entgegen.

> ■ **Holger spielt mit Sarah, durch einen Fußgängertunnel zu gehen. Er kommt auf sie zu, ohne dass etwas geschieht. Ist der Tunnel gefährlich? Nein, natürlich sind Tunnel nicht gefährlich. Nur wenn Sarah vor dem Fremden, der auf sie zukommt, Angst hat, sollte sie nicht durchgehen. Sie kann warten, bis er den Tunnel verlassen hat und ihr Bauchkribbeln verschwunden ist.**

Durch das Spüren der Angst erkennen Kinder, was für sie bedrohlich ist oder werden kann. Angst macht hellwach und lenkt die Wahrnehmung auf die Bedrohung. Deshalb ist Angst gut und hilfreich. Durch eine funktionierende Angst bleibt die Wahrnehmung erhalten. Wenn Kinder Angst haben und ungefiltert wahrnehmen dürfen, bleiben sie reaktions- und handlungsfähig. Sie sind nicht mehr ohnmächtig ausgeliefert.

Ursprünglich sind Kinder bei Angst noch nicht »hypnotisiert« wie viele Erwachsene. Sie schreien und weinen und kommen zu den Müttern und Vätern gerannt, um sich Hilfe zu holen und Schutz zu bekommen. Die ohnmächtige Reaktion auf Angst entsteht erst durch den falschen Umgang mit ihr. Wenn wir richtig darauf reagieren, brauchen wir auch keine Angst mehr vor der Angst zu haben.

Im Seminar erfahren die Kinder: Es interessiert uns nicht, ob der Mann oder die Frau gut oder schlecht ist. Es interessiert uns auch nicht, ob er einen Kofferraum voller Yu-Gi-Oh-Sticker oder Barbiepuppen hat. Wir wollen es gar nicht erst herausfinden. Denn er ist fremd! Das ist der entscheidende Hinweis: Wir haben ein Kribbeln im Bauch. Der andere ist fremd. Das genügt, um uns nicht darauf einzulassen.

Bauchkribbeln ist gut

Zum Drüberreden, Überlegen, Ausprobieren und Üben

- Wie erkennen wir schlechte Menschen?
- Hast du dich für den Bärtigen entschieden? Heißt das, dass alle Männer mit Bart schlecht sind?
- Wie geht es dir, wenn dich ein Fremder anspricht? Macht es dir gute oder schlechte Gefühle?
- Bauchkribbeln ist gut, denn es macht uns vorsichtig und wir gehen nicht mit.
- Wir wissen nicht, ob der Mensch gut oder schlecht ist, aber wir wollen es auch nicht wissen.
- Wenn wir Bauchkribbeln haben, müssen wir darauf hören. Bauchkribbeln ist gut. Es warnt uns und schützt uns vor einer möglichen Gefahr.
- Wenn du Bauchkribbeln hast, hast du ein Recht, jemand davon zu erzählen. Du hast das Recht, dass der Erwachsene deine Angst ernst nimmt und dass er dir hilft. Du kannst sagen:
- »Bitte helfen Sie mir. Ich habe Angst. Mich hat gerade ein fremder Mensch angesprochen. Bitte rufen Sie meine Mutter/meinen Vater an. Die Nummer ist ... Ich bestehe darauf, dass Sie mir helfen.«
- Diese sechs Sätze sind ganz wichtig. Du solltest sie auswendig lernen und immer wieder üben, damit sie dir auch dann einfallen, wenn du ganz aufgeregt bist.
- Du solltest die Telefonnummern auswendig wissen, unter denen deine Mutter/dein Vater im Notfall zu erreichen sind. Wenn du selbst ein Handy hast, solltest du diese Nummern und die der Polizei einprogrammiert haben.

Auch die Mütter und Väter lernen: Es geht nicht darum herauszufinden, wer gut oder schlecht ist. Ob jemand in guter oder schlechter Absicht unser Kind anspricht. Fakt ist, er verursacht uns ein ungutes Gefühl. Damit wissen wir: Wir müssen vorsichtig sein.

Die Kinder haben ihr Bauchkribbeln und die Situation wahrgenommen, sodass sie schildern können, was passiert ist. Der nächste Schritt liegt nahe: Hilfe holen.

Die Kinder wissen jetzt, dass

- **ihr Bauchkribbeln gut ist,**
- **ihr Bauchkribbeln sie warnt,**
- **ihr Bauchkribbeln sie vor einer möglichen Gefahr schützt,**
- **sie die bedrohliche Situation wahrnehmen und schildern können,**
- **sie ein Recht haben, dass ihre Angst von Erwachsenen ernst genommen wird,**
- **sie ein Recht haben, ihre Angst und den Vorfall mitzuteilen,**
- **sie ein Recht auf Hilfe und Unterstützung haben.**

Mein Recht, Nein zu sagen

Über ein (über-)lebenswichtiges Wort

Was für ein wunderbares Wort: »Nein!« Nach »Mami« ist es oft das erste Wort, das Kinder deutlich kundtun können und vielleicht ihr Lieblingswort während der nächsten fünfzehn Jahre. Nein sagen ist die mächtigste Waffe für die Kindersicherheit.

Umgekehrt bereitet es Müttern und Vätern so manche Qual: Jeder Wunsch wird erst einmal kategorisch abgelehnt – und im Falle, dass sie selbst zum Nein greifen müssen, das damit unvermeidliche Schuldgefühl: »Bin ich jetzt eine Rabenmutter, weil ich Nein gesagt habe?«

Warum ist Nein so wichtig und schwierig zugleich? Nein ist sogar überlebenswichtig, denn es setzt dem anderen eine Grenze. Bei einem Nein geht es immer um die Grenzziehung und damit die Abgrenzung und den Schutz des eigenen Selbst und seiner Bedürfnisse. Kinder brauchen gute und fördernde Unterstützung darin, ihre Grenzen kennen zu lernen. Daher müssen verantwortungsvolle Mütter und Väter Grenzen setzen, an denen ein Kind sich orientieren kann. Ein Nein der Mutter oder des Vaters kann daher ebenfalls überlebenswichtig sein, wenn der Sprössling beim Herumturnen zu viel riskiert.

Wenn ein Kind außer Rand und Band gerät und die Kontrolle verliert, kann es nur durch eine klare Grenzziehung eines anderen wieder ins Lot kommen. Grenzen stellen die Ordnung und das Gleichgewicht wieder her. Ein Kind, das ständig mehr provoziert, ruft eigentlich verzweifelt nach einer festen Orientierungshilfe. Bekommt es keine klare Ansage, wird es immer weiter provozieren.

Mütter und Väter, die nicht Nein sagen können, nehmen ihren Kindern zum einen die Möglichkeit, sich selbst abgrenzen und schützen zu lernen. Zum anderen fehlt den Kindern die Erfahrung der Grenzen der anderen, die sie ja mit ihren eigenen Grenzen abstimmen müssen. Aus diesem Balanceakt resultiert jeder zwischenmenschliche Konflikt und die menschliche Sozialisation.

Täter haben ein doppeltes Problem mit Grenzen, da sie weder sich selbst Grenzen setzen (Rücksichtnahme, Akzeptanz des anderen, Schutz und Achtsamkeit gegenüber dem Leben des anderen), noch das Nein als Grenzziehung des anderen gelten lassen. Sie ignorieren seine Grenzen und überschreiten sie »übergreifend«, ohne Rücksicht auf das Opfer. Die letzte und extremste Form von Grenzüberschreitung ist Mord – dem anderen das Leben nehmen –, indem die Schutzgrenze des Leben überschritten und der andere zu Tode gebracht wird.

Kinder zeigen den Erwachsenen praktisch von Geburt an, wo ihr Nein und ihre Grenze ist. Sie brauchen die unmittelbare Reaktion der Mutter darauf, um so ihre Grenzen zu festigen – und damit ihr Gefühl der Sicherheit zu erlangen, das so genannte Urvertrauen ins Leben.

Mütter und Väter sind daher schlecht beraten, wenn sie meinen, ihre Babys schreien lassen zu müssen. Im Gegenteil sollten wir immer sofort auf die Bedürfnisse unserer Kinder eingehen, was noch nicht heißt, dass wir sie alle auch so erfüllen, wie das Kind es aus seiner kindlichen Perspektive heraus meint. Dem Bedürfnis eines Kindes nach zwei Tafeln Schokolade hintereinander oder fünf Kugeln Eis auf einmal werden wir auch nicht nachgeben, aber wir werden sein Bedürfnis in jedem Fall mit einer Erklärung, Korrektur oder einem Kompromiss beantworten.

»Nein« hängt also unmittelbar mit Sicherheit und Schutz zusammen. Daher sollten wir es auch als Erwachsene begrüßen lernen. Es ist tatsächlich ein tolles Wort. Ebenso befreiend ist die Erfahrung, Nein sagen zu dürfen. Das Recht, Nein zu sagen, ist ein Lebensrecht und damit auch ein Menschenrecht.

Da die Menschen – soweit wir dies anhand der geschichtlichen Überlieferungen zurückverfolgen können – seit mindestens fünf- bis sechstausend Jahren in patriarchal-autoritären Herrschaftssystemen aufwachsen und daher auch autoritär erzogen werden, wird das eigene Nein unterdrückt und damit die Grenzziehung verhindert. Dadurch beraubt man sie von Kind an ihres Selbstschutzes und Selbstwertgefühls.

Täterstrategien sollen dazu führen, Macht und Herrschaft über andere zu gewinnen und dadurch die eigenen Bedürfnisse zu befriedigen. Da inzwischen aber auch alle Herrschenden und Täter durch dieses System geprägt wurden, sind sie gleichzeitig auch seine Opfer. Dies mag der Hintergrund des ambivalenten Verhaltens u.a. der Justiz gegenüber Tätern sein, die oft selbst als Opfer dargestellt werden. In der Tat sind sie »Opfer«, aber insofern, dass sie darauf mit Täterschaft reagieren. In einer idealen Welt, die nicht auf Vorherrschaft basiert, gäbe es weder Opfer noch Täter.

Diese Überlegungen sind äußerst hilfreich, wenn wir unseren Kindern erlauben, Nein zu sagen und ihre Grenzen zu spüren und kennen zu lernen, und damit einer neuen Generation auch die Chance geben, diesen gesellschaftlichen Missstand zu verändern.

■ Pauline, eine hübsche Neunjährige im trendigen Outfit wird vom Trainer angesprochen. Er stellt sich als Talentscout vor. »Du kennst doch bestimmt den
Film *Bibi Blocksberg*? Willst du auch mal in einem Film mitspielen? Ich suche da
nämlich ein Mädchen, das genauso toll aussieht wie du. Wie heißt du denn? Gib
mir mal deine Adresse und deine Telefonnummer.« Pauline ist geschmeichelt.
Sie zögert. Dann gibt sie ihm bereitwillig die gewünschte Auskunft.

Gut, dass es der Trainer im Rollenspiel war, der Pauline dazu überredet hat.
Das passiert ihr nicht noch einmal! Wir können nicht wissen, ob es sich bei dem
Mann um einen echten Talentsucher handelt. Was hätte Pauline tun können?
Sie hätte ihn umgekehrt nach seiner Telefonnummer (oder Visitenkarte) fragen
können. »Meine Mutter (mein Vater) ruft Sie dann an.«

Wachsam bleiben, denn nun bittet der vermeintliche Scout Pauline, mal
eben schnell mit zu seinem Auto zu kommen, denn dort hat er Zettel und Stift
oder eine Visitenkarte. Alarmiert? Pauline ist es zum Glück und läuft sofort weg.
Der Mann hat ihr die »falsche Antwort« gegeben (ein echter Talentsucher hat sicher eine Visitenkarte dabei und wird sie ihr unaufgefordert geben) und das hat
ihr gesundes Misstrauen geweckt.

Was ist, wenn sich Pauline geirrt hat? Kann es nicht doch sein, dass der Mann
ehrlich war und die Visitenkarten nur gerade im Auto vergessen hat? Kann sein.
Aber soll Pauline das Risiko eingehen, nur um das herauszufinden? Ganz klar: Nein!

Das Kind lernt, laut und deutlich Nein zu sagen, wenn

● es einem Fremden (dazu gehören auch Nachbarn) seinen Namen nicht sagen
   will,
● es keine Auskunft geben will,
● es sich nicht mit jemandem unterhalten will,
● jemand auf es einredet,
● jemand es zu etwas überreden will,
● jemand es manipulieren will,
● es Bauchkribbeln (Angst) hat,
● etwas sich für das Kind nicht gut anfühlt,
● etwas ihm unangenehm ist,
● jemand etwas mit ihm macht, was es nicht will,
● jemand es küssen und berühren will, ohne es um Erlaubnis zu fragen,
● jemand einen Kuss oder Berührung von ihm erpresst.

Ein Nein, das überhört wird, muss noch deutlicher gemacht werden. Das Kind bekommt die Erlaubnis, sich massiv zu wehren, wenn

- jemand es belästigt,
- jemand es bedroht,
- jemand es angreift,
- jemand es gegen seinen Willen berühren will oder berührt,
- jemand es gewaltsam mitnehmen will,
- jemand etwas wiederholt tut, das ihm Angst oder unangenehme Gefühle macht,
- jemand seinen Willen manipulieren will,
- jemand seinen Widerstand brechen will,
- jemand sein Vertrauen und seinen Körper missbraucht.

In einer Gefahrensituation wird das Nein in Verbindung mit einer speziellen Haltung und der Stopp-Geste (siehe Foto gegenüber) zum Ausdruck gebracht. Ein Nein wird höchstens dreimal wiederholt. Spätestens dann geht das Kind weiter und ergreift die Flucht.

Wenn der Angreifer das Kind festhalten will, lernt es im WO-DE-Kindersicherheitstraining gezielte Griffe und Tritte, um sich wehren und befreien zu können. Obwohl ein Täter dem Kind körperlich überlegen ist, wird er durch die Gegenwehr aus dem Konzept gebracht. Außerdem: Kinder sind kleine Kraftpakete und können Erwachsenen auch ziemlich wehtun. Je gezielter sie diese Kraft einsetzen, umso wirkungsvoller ist ihre Verteidigung.

Die Stopp-Geste wird in den Rollenspielen im Kindersicherheitstraining immer wieder eingeübt. Auch zu Hause sollten Sie sie mit Ihrem Kind laufend wiederholen. Entscheidend sind entschlossene Gestik und Mimik. Das »Stopp! Bis hierher und nicht weiter« muss sich über die ganze Körpersprache ausdrücken. Notwendig sind auch die Einhaltung eines Sicherheitsabstandes und der feste Stand. Es ist wichtig, nicht wie eine Mickymaus herumzuhampeln und von einem Fuß auf den anderen zu treten. Aus dem festen Stand heraus kann das Kind nicht so leicht umgeworfen werden. Vor dem Spiegel kann das Kind den Unterschied zwischen »Mickymaus-Stand« und »Löwinnen-Stand« betrachten und ausprobieren: »Wer will ich sein? Wie sehe ich mutiger, selbstbewusster aus?«

Dann hält es mit der linken Hand (bei Rechtshändern) bzw. der rechten Hand (bei Linkshändern) mit nach vorne weisender Handfläche den anderen auf Distanz: Stopp! Die Schreibhand bleibt frei und kann sofort zur weiteren Gegenwehr benutzt werden, falls es nötig wird.

■ Mehr Selbstbewusstsein hat auch Auswirkungen auf den eigenen Körper und damit auf die Körpersprache. Wenn wir eindeutige Signale nach außen geben und Komplikationen vermeiden wollen, können wir das auch durch die Kontrolle der Körpersprache hervorrufen. Um das zu demonstrieren, macht Holger einen Test mit den Müttern und Vätern. »Was, glauben Sie, wirkt am stärksten: Ihre Stimme, Ihre Wortwahl oder Ihre Mimik und Gestik?« Holger bittet eine Mutter, einfach auf ihn zugehen. Wenn er »Stopp!« sagt, soll sie stehen bleiben. Nach ein paar Schritten macht Holger eine Geste mit ausgestrecktem Arm. Die Handfläche zeigt nach vorne und signalisiert der Mutter, stehen zu bleiben, was sie auch sofort tut. Obwohl er noch kein Wort gesagt hat, hat sie spontan auf die »Halt!«-Geste reagiert.

Die stärkste Wirkung hat die Gestik/Mimik (55%), gefolgt von Stimme/Tonfall (nicht Lautstärke; 30%) und die geringste Wirkung die Wortwahl (7%).

Stopp ist ein deutliches Abwehrsignal. Oft reicht es, um einen Täter von seinem Plan abzubringen. Täter suchen oft lange nach einem geeigneten Opfer. Sobald ein Kind nicht in sein Schema passt, hat es eine große Chance, dass der Täter von ihm ablässt.

Es gibt jedoch auch Situationen, wo das Nein nicht funktioniert. Wenn ein Kind von einem potenziellen Täter mit einer Waffe bedroht und zur Herausgabe seines Portemonnaies, Gameboys oder seiner Armbanduhr gezwungen wird, gibt es den geforderten Gegenstand sofort her und ergreift dann die Flucht.

■ Marco macht im Seminar eine Erfahrung, die ihm im Extremfall einmal das Leben retten kann. Marco ist neun und hat eine Menge Flausen im Kopf. Er fühlt sich wie einer seiner Superhelden aus der virtuellen Welt. Als ihn der Trainer im Rollenspiel bedroht und zur Herausgabe seiner Armbanduhr zwingen will, bleibt er stur. »Die kriegst du nicht!«, meint er trotzig. Auch bei der zweiten und dritten Aufforderung bleibt er dabei. Selbst die vorgehaltene Faust beeindruckt ihn nicht. Marco glaubt auch, dass er schneller rennen kann als der Trainer. »Probieren wir es aus!«
Marco kommt keine zwei Meter, dann hat ihn der Trainer kontrolliert zu Boden gebracht. Marcos Allmachtsfantasien sind in ihre realistischen Grenzen gewiesen worden. Er ist stinksauer. Wutentbrannt wirft er einen Stuhl um.

Am nächsten Tag ist Marco verändert. Aufgeschlossener und zugänglicher. Er macht besser mit, lässt sein Imponiergehabe, das ihn im Ernstfall in große Schwierigkeiten bringen würde. Er hat einerseits gelernt, wo seine Grenzen sind. Zum anderen hat er jetzt die Fähigkeit, sich realistisch zur Wehr zu setzen. Nicht als Fantasieheld hat er eine Chance, sondern als neunjähriger Marco. Sein Selbstbewusstsein wirkt authentisch, nicht aufgesetzt. Marco wird nun auch von den anderen Kindern viel ernster genommen. Vorher war er der Pausenclown.

Mein Körper gehört mir!

Warum ein respektvoller Umgang von Anfang an Kinder schützt

Da unser Körper unser Menschsein und unser Leben ermöglicht, hat er höchste Priorität. Der Schutz vor körperlicher Unversehrtheit ist daher auch ein Grundrecht des Menschen. Obwohl wir ihn würdigen und achtsam mit ihm umgehen sollten, ist die Beziehung der Menschen zu ihrem Körper oft ambivalent oder sogar distanziert. Im Zusammenhang mit Kindersicherheit interessiert uns vielmehr, welche Einstellung Kinder zu ihrem Körper entwickeln können, je nachdem, wie sie ihn erleben dürfen.

Eine unbewusste Unsitte im Umgang mit dem Körper ist das schon sehr frühe »Herumreichen« des Babys. Vor allem ältere Verwandte fühlen sich vor den Kopf gestoßen, wenn sie »das Kleine« nicht einfach hochnehmen dürfen, und sogar fremde Leute haben die (meist gut gemeinte) Angewohnheit, Babys einfach anzufassen.

Ein Tritt in den Unterleib durch ein Kind ist sehr wohl geeignet, auch einen Erwachsenen kampfunfähig zu machen. Die Reaktionen reichen im Realfall von Kreislaufproblemen, Schock, Übelkeit, Erbrechen bis zu anhaltendem Schmerz im Bereich der Hoden.

Durch die Tritte, wie sie im Kindersicherheitstraining mit dem Seminarleiter geübt werden, besteht für ein Kind im Ernstfall eine sehr gute Chance, genug Zeit zu gewinnen, um sich der unmittelbaren Gefahr durch einen Angreifer zu entziehen. Je selbstbewusster Kinder sind und je selbstverständlicher es ihnen ist, sich wehren zu dürfen, desto weniger blockiert sind sie und haben keine Hemmungen, den Fremden mit aller Kraft zu treten. Auch das will geübt sein.

Immer wieder wird im Rollenspiel der angemessene Umgang mit gefährlichen Situationen trainiert. Wichtig ist, dass Kinder unterscheiden lernen zwischen solchen Situationen, in denen es gut ist, sich zu wehren, und solchen, in denen es angemessen ist, das nicht zu tun. Steht jemand vor mir, der größer und stärker oder bewaffnet ist und mir etwas unter Androhung von Gewalt wegnehmen will, oder handelt es sich um eine Gruppe (Raub, räuberische Erpressung), werde ich die Uhr, die Jacke, das Handy kampflos abgeben.

Wichtiger als die materiellen Güter, die in diesem Falle sowieso weg sind, ist meine Gesundheit. Die Konfliktlösung beginnt danach durch Mutter und Vater, Einschalten der Polizei und gegebenenfalls der Schule etc.

So angenehm das für diese Personen sein mag, fragt sich, welche Erfahrung das Kind dabei macht. Ist es wirklich nur Anerkennung, die es in diesem frühen Lebensstadium eigentlich nur von seiner Mutter braucht und erwartet, oder ist es ein Eindringen in seine kleine, ganz intime Welt?

Jede Mutter weiß, dass Kinder ein ausgeprägtes Schamgefühl haben, das völlig natürlich ist. Es gehört zum Selbstschutz eines jeden Lebewesens, sich nicht »nackt und bloß« zu zeigen. Ungefähr ab dem Alter von vier Jahren wollen Kinder beispielsweise nicht mehr ohne Badeanzug baden. Und die Vorlieben mancher Erwachsener für teilweise bis totale Freikörperkultur am Strand teilen sie nicht unbedingt. Im Gegenteil reagieren viele Kinder befremdet darauf, sich nackt zur Schau zu stellen. Den nackten Popo darf zeitweise ausschließlich die Mami sehen und nur mit deren guten Zureden mal kurz die Kinderärztin. In der Umkleidekabine achten Siebenjährige teilweise akribisch darauf, dass die Tür gut verschlossen ist.

Dieser instinktive Selbstschutz hat wie alles Naturgegebene einen guten Grund. Er stellt eine Form der Abgrenzung von Fremden dar und beugt somit vor, dass uns womöglich jemand zu nahe kommt, der nicht vertrauenswürdig ist.

Kinder sollten von allen Erwachsenen, die nicht die engsten Bezugspersonen sind (aber in vielen Fällen auch von diesen) immer erst gefragt werden, ob sie auf den Arm oder Schoß genommen werden wollen, ob sie umarmt, gestreichelt oder geküsst werden wollen. Sogar bei den engsten Familienmitgliedern versteht sich dieser liebevolle und respektvolle Umgang eigentlich von selbst.

Übergriffe geschehen auch beim Festhalten der Kinder – ebenfalls oft aus Unbewusstheit und mangelnder Feinfühligkeit. Kinder gegen ihren Willen festzuhalten ist immer eine schwere Grenzverletzung. Inzwischen sind deshalb auch einige Festhaltemethoden, die bisher in manchen Problemsituationen mit Kindern empfohlen wurden, sehr umstritten, wenn nicht gar widerlegt (besonders bei Kindern mit Gewalt- oder Missbrauchserfahrung).

Allgemein gilt für den Körper eines Kindes: Immer wenn es »Stopp!« sagt oder signalisiert, ist der Erwachsene sofort gehalten, seinem Wunsch zu entsprechen. Sicher gibt es vereinzelte Ausnahmesituationen, wenn sich ein Kind beispielsweise in Gefahr bringt und festgehalten werden muss. In diesem Fall hilft ihm eine verbale Erklärung, warum dies jetzt nötig ist, das Verhalten des Erwachsenen nicht als übergriffig zu empfinden und als Vertrauensmissbrauch zu werten.

Die Grenzen zu sexuellem Missbrauch sind fließend, wie die folgende Szene zeigt. Täter machen sich diesen Umstand zunutze. Auf den sexuellen Missbrauch an Kindern, der mit ca. 30 Prozent (und einer hohen Dunkelziffer) das häufigste Gewaltdelikt ist, gehen wir in Teil 3 noch ausführlich ein.

> ■ **Elena guckt ihre Lieblingssendung. Gerade ist es unheimlich spannend, als Onkel Franziskus, der heute Abend auf Elena aufpasst, es sich neben ihr auf dem Sofa gemütlich macht. Elena rückt ein wenig von ihm ab und starrt gebannt auf den Bildschirm. Der Onkel geht scheinbar fürsorglich auf ihre Anspannung ein und legt den Arm um sie. Er zieht sie zu sich heran und will mit ihr kuscheln. Ganz harmlos? Elena ist die körperliche Nähe des Onkels unangenehm. Sie rückt von ihm ab. »Stellst du dich aber an!«, meint Onkel Franziskus beleidigt.**

Der Respekt vor dem Körper des Kindes von Geburt an legt das Fundament dafür, dass es sich später gegen jeden körperlichem Missbrauch schützen kann. Kinder nicht zu entwerten, indem man ihre Wünsche übergeht (»Stell dich nicht so an!«) oder sie belächelt oder gar verspottet, gibt ihnen das nötige Selbstvertrauen, um jeden Übergriff als solchen zu erkennen und deutlich abzulehnen.

Geben Sie Ihren Kindern das Recht auf ihren Körper. Sorgen Sie für ihre körperliche – und seelische – Unversehrtheit, indem Sie Menschen, die Ihr Kind übergriffig behandeln, klar in ihre Schranken weisen. Auch wenn es die Tante ist, die den Fünf-Euro-Schein gegen einen Kuss tauschen will, oder der Onkel, der es doch nur gut gemeint hat. Oder nicht?

Geld wirkt auf viele Kinder verlockend. Wie sehr, dass können die dabei oft erschrockenen Mütter und Väter in Rollenspielen im Kindersicherheitstraining beobachten. Ein wichtiger Satz, den sie Ihren Kindern schon früh vermitteln sollten, lautet daher: »Ich bin nicht käuflich!« Übersetzt heißt das: Ich tue nichts, was ich nicht tun will, was mir schlechte Gefühle macht, nur weil du mir etwas dafür gibst (Geld, ein Eis, eine neue Jeans).

Für Eltern kann das auch eine Überprüfung eigener Erziehungsmittel notwendig machen. Wie leicht sagt man als Mutter oder Vater schon einmal: »Wenn du jetzt brav bist und dir endlich die Schuhe anziehst/den Teller aufisst/die Hausaufgaben machst, gibt es später ein Eis.«

Freiheit und Grenzen

Die Balance zwischen Risiko und Schutz

Unsere Zeit ist schnelllebig, heißt es. Auch die Entwicklung der Kinder kann manchen Erwachsenen nicht schnell genug gehen. Manche Mütter stillen schnell ab, das Kind soll schnell im eigenen Bett und Kinderzimmer schlafen, sauber werden, alleine essen, sich anziehen, waschen – kurz selbstständig werden.

Kinder brauchen mindestens bis in und meist über die Pubertät hinaus und in gewissem Maße immer wieder während ihres ganzen Lebens die Rückendeckung und Orientierungshilfe der Mutter und des Vaters oder des Menschen, zu dem sie Vertrauen und Verbundenheit entwickeln konnten. Sie werden in ihrem eigenen Rhythmus groß und nach ihren eigenen inneren Gesetzmäßigkeiten selbstständig.

Kinder, deren Selbstbewusstsein gestärkt wird und die Wahlmöglichkeiten von ihrer Mutter und ihrem Vater bekommen, melden ihre Bedürfnisse zuverlässig und zum richtigen Zeitpunkt von selbst an. Auch das Bedürfnis nach zunehmender Selbstständigkeit.

Wer erinnert sich nicht an den lautstark geäußerten Wunsch seiner Tochter oder seines Sohnes, etwas unbedingt »alleine!« machen zu wollen. Außer Geduld erfordert dies von Müttern und Vätern viel Fingerspitzengefühl – denn manche Dinge kann ein Kind noch nicht alleine und es wäre riskant, seinem Wunsch nachzugeben.

Wer das Selbstvertrauen seines Kindes stärken will, sollte ihm etwas zutrauen. Wir sollten nicht immer gleich eingreifen, wenn sich das Kind um etwas bemüht und etwas länger dazu braucht, sondern ihm Zeit lassen, sich selbst daran auszuprobieren. Natürlich sollte man es auch nicht entmutigen – »Dafür bist du noch zu klein, lass mich das mal machen« –, sondern es anregen, seine eigenen Kräfte und Fähigkeiten zu erproben.

An Mütter und Väter stellt dies die hohe Anforderung, gleichzeitig einfühlsam in die Fähigkeiten des Kindes zu sein und die Situation dabei realistisch einzuschätzen. Bei einer intakten Mutter-Kind-Symbiose geschieht diese Abstimmung intuitiv oder instinktiv.

Eine Erziehung, die Kinder stärkt und fördert, schafft Bedingungen dafür, dass Kinder den Erwachsenen in ihrem nahen Umfeld vertrauen können. Da sie immer auf den Schutz und die Hilfe von Erwachsenen angewiesen sind, müssen sie sich auf die Hilfsangebote der sozialen Gemeinschaft verlassen können. Sie müssen darauf vertrauen können, dass in der Not jemand für sie da ist, der ihnen helfen kann. Dann können sie Vertrauen in die Welt und in ihre eigene Kraft entwickeln.

Präventive Erziehung sollte darauf ausgerichtet sein, ihre Stärke, ihre Unabhängigkeit, ihre Beweglichkeit und ihre zunehmende Freiheit zu fördern.

Daher ist eine intakte und ungestörte Symbiose in Hinblick auf Kindersicherheit so wichtig. Für ihre Sicherheit brauchen Kinder tatsächlich Mütter und Väter, die eine gute Balance zwischen Risiko und Schutz herstellen können. Darin liegt sicherlich das wahre Wesen von Freiheit. Freiheit ohne Schutz führt zwangsläufig irgendwann zu einer gefährlichen Grenzerfahrung. Dort stößt sie an ihre natürliche Grenze.

Wahre Freiheit schließt den Schutz mit ein und sichert auf diese Weise das Überleben. Angesichts der Tatsache von Gewalt und Sexualdelikten an Kindern wäre es also riskant und daher lebensbedrohlich für unsere Kinder, wenn ihre Mütter und Väter die Augen vor der Realität verschließen.

Die überwiegende Mehrheit aller Kinder erlebt Gewalt und sexuellen Missbrauch aus dem sozialen Nahbereich. Die Täter sind zu einem Großteil ihre eigenen Väter und andere Verwandte und Bekannte der Familie. Täter benutzen spezielle Strategien, um sich das Schweigen ihrer Opfer zu sichern und andere Erwachsene zu täuschen (siehe hierzu auch Teil 3).

Zur Vorbeugung gegen Missbrauchserfahrungen reichen im Rahmen der Erziehung einfache Ratschläge nicht aus. Ratschläge erzeugen Angst bei Kindern, wenn sie vor »den schlechten Männern, die ihnen etwas antun wollen« gewarnt werden. Dadurch entsteht ein Vermeidungsverhalten und ihre Abhängigkeit von Erwachsenen wird noch größer, weil sie sich noch schutzloser fühlen. Vielmehr sollte man ihre Kräfte von Geburt an stärken und ihnen in einem altersgemäß geschützten Rahmen helfen, ihre Unabhängigkeit zu entwickeln.

Präventive Erziehung bedeutet für Mütter und Väter, sich auch mit dem Schutz ihrer Kinder vor Gewalt und Missbrauch zu befassen. Die effektive Vorbeugung ist eine Kombination aus präventiven Erziehungsmethoden, eigenem Vorbild und durchdachten Schutzmaßnahmen.

Die Risiken im sozialen Umfeld und der Umgebung einzuschätzen, liegt in der Verantwortung der Erwachsenen. Vorbeugen heißt hier, Kinder nicht um einer vermeintlichen Freiheit und Selbstständigkeit willen alleine zu lassen. Prävention im Sinne der Kindersicherheit darf niemals den Kindern überlassen werden. Dies wäre falsch verstandene »Freiheit« und lebensgefährlich.

Es beugt ihrer Sicherheit vor, wenn wir Kindern erklären, dass sie

- **am besten mindestens zu zweit gehen sollen,**
- **am besten zu zweit mit dem Fahrrad unterwegs sein sollen,**
- **unbelebte Gegenden meiden sollen, wenn sie sich dort unwohl fühlen (Bauchkribbeln haben),**
- **vom Fahrzeug entfernt bleiben sollen, wenn jemand sie aus einem Auto heraus anspricht (auch in zwei Metern Abstand kann man jemanden noch gut verstehen, wenn er etwas fragt),**
- **wenn sie ein schlechtes Gefühl haben, lieber weggehen oder auf die andere Straßenseite wechseln sollen, wenn sie jemand aus einem Auto heraus anspricht,**
- **sie in die entgegengesetzte Fahrrichtung des Autos weglaufen sollen, wenn sie ein schlechtes Gefühl haben und wenn sie dort Hilfe erwarten können,**
- **Licht, Lärm und Leute suchen sollen, wenn sie Hilfe brauchen (»die drei L« für Licht, Lärm, Leute),**
- **nur dort klingeln sollen, um Hilfe zu holen, wo sie vorher wissen, wer hinter der Tür wohnt.**

Zur Gewaltprävention gehört, dass wir Kindern sinnvolle Wege zeigen, sich in gefährlichen Situationen zu verhalten. Wenn sie sich unwohl fühlen, geht es nicht darum herauszufinden, ob jemand gut oder schlecht ist. Vielmehr geht es darum, dass sie ein Verhaltensrepertoire abrufen können, um die Situation schnell und sicher zu verlassen. In diesem Rollenspiel wird eine der wichtigsten Gesten eingeübt: »Lassen Sie mich vorbei!« Ähnlich wie bei der Stopp-Geste (siehe Foto S. 83) nimmt das Kind den festen Stand ein und steht möglichst in sicherer Distanz vor seinem Gegenüber. Der Unterschied liegt vor allem in der Handhaltung. Hier wird statt der ausgestreckten Handfläche der Zeigefinger aktiv. Die Handfläche signalisiert unterbewusst eine Wand (»Bis hierher und nicht weiter«). Da das Kind an seinem Gegenüber vorbeimöchte, wäre eine solche Gestik in diesem Fall kontraproduktiv.

Seminarleiter Holger Schumacher erklärt Eltern und Kindern das angemessene Verhalten, wenn ein Kind von einem Menschen aus dem Auto heraus angesprochen wird: Das Kind baut größtmögliche Distanz zum Fahrzeug auf und lässt sich auf kein Gespräch ein. »Bauchkribbelige« Fragen oder Forderungen werden mit maximal drei Nein beantwortet. Sollte beim Fortsetzen des Weges keine Hilfe in Form von »Licht, Lärm, Leuten« zu finden sein, dreht das Kind um und geht in die entgegengesetzte Richtung (z.B. zurück zum Ausgangspunkt). Zur wiederholten Kontaktaufnahme müsste nun der Fahrzeugführer das Fahrzeug wenden. Das kostet Zeit und er würde dann auf der »falschen Seite« sitzen. Auf Grund des nachfolgenden Verkehrs wird er kaum rückwärtsfahren. Zudem ist es unmöglich, sicher rückwärts zu fahren und dabei gleichzeitig ein Kind zu manipulieren.

Machen Sie mit Ihrem Kind eine Liste, wer es in einem Notfall abholen darf. Es könnte ja passieren, dass Sie auf dem Weg zu ihm stürzen, sich verletzen und zum Arzt müssen. Sie vereinbaren genau, wer außer Mutter und Vater berechtigt ist, es abzuholen. Mit niemand anderem geht es mit, außer er nennt ihm ein vorher mit Ihnen vereinbartes Geheimwort. Vereinbaren Sie mit Ihrem Kind ein Wort für solche Notfälle, das aber tatsächlich nur Ihre Familie kennen darf. Wurde es einmal verraten oder benutzt, müssen Sie das Wort ändern. Üben Sie mit Ihrem Kind den Ablauf der oben geschilderten Situation.

Vor allem Jungen, die noch das alte Rollenvorbild von Männlichkeit verinnerlicht haben, tun sich schwer damit, über ihre Probleme zu reden. Sie wollen nicht als Schwächling dastehen und empfinden einen Angriff eines Täters nicht als das, was er ist, sondern als Niederlage oder Unterlegenheit.

Sie wollen sich besonders gerne »groß« und »selbstständig« fühlen und lehnen fürsorglichen Schutz oft ab. Sie sind jedoch genauso gefährdet wie Mädchen, wenn sie alleine unterwegs sind. Auch lassen sie sich leicht durch »Provokation« locken, wenn ein potenzieller Täter sie an ihrer »Ehre« packt.

▆   **»Hey, du kriegst zehn Euro, wenn du mit mir um die Wette rennst. Ich wette nämlich, dass du nicht schneller bist als ich.« Marvin lässt sich sofort darauf ein. Ohne nachzudenken, rennt er mit dem Fremden mit.**

Oder Philipp, der aufgefordert wird, einen Ball zu fangen. Der Fremde wirft ihn mit Absicht weit und in ein Gebüsch. Da kann Philipp keiner mehr helfen. Philipp lernt, mit einem Unbekannten lieber gar nicht erst zu spielen.

Die Erfahrung in den Seminaren zeigt, dass Jungen genauso kleinlaut reagieren, wenn sie von einem fremden Erwachsenen »bearbeitet« werden: Maximilian wird von einem Fremden auf dem Heimweg von der Schule heftig beschimpft: »Du bist doch der Tim! Pass mal auf: Du hast gestern meinen Sohn gehauen. Wenn ich das noch mal höre, gibt's was von mir hinter die Löffel! Ist das klar?!« Maximilian nickt schuldbewusst, obwohl er doch gar nicht Tim ist. Er lässt sich von der Schimpftirade des fremden Vaters einschüchtern, anstatt ihn zu unterbrechen: »Ich bin nicht der Tim!« Er erduldet die falschen Anschuldigungen.

Mit wem darf ich mitgehen oder mitfahren?

Das solltest du wissen

Ob Polizisten echt sind, erkennt man an ihrer Uniform *und* ihrem Streifenwagen. Nur mit einem solchen Polizisten können wir mitgehen. Nur die Uniform oder ein Polizeiausweis alleine reichen uns nicht. Du musst nicht mit einem Polizisten mitgehen, wenn du Bauchkribbeln hast und dir nicht sicher bist, ob er ein echter Polizist ist. Wenn er dich angeblich nach Hause bringen will, weil deine Mutter oder dein Vater nicht kommen können, solltest du im Zweifel darauf bestehen, dass er dir das Geheimwort sagt, dass nur du, deine Mutter und dein Vater wissen.

Es gibt ein Gesetz (das Gewaltschutzgesetz), das sagt, dass dich auch ein echter Polizist nicht mit Gewalt mitnehmen darf.

Hast du mit deiner Mutter, deinem Vater schon ein Geheimwort vereinbart?

Kinder müssen von uns lernen:

- Sich mit Fremden zu messen, ist keine Heldentat.
- Wirklich stark ist, wer sich nicht provozieren lässt, auch wenn es an der Ehre kratzt.
- Wirklich stark ist, wer Nein sagen kann.
- Wirklich stark ist, wer erzählen kann, wenn er Angst hat.
- Wirklich stark ist, wer Hilfe holen kann.
- Wirklich schlau ist, wer sich gut schützen kann.
- Wirklich schlau ist, wer nicht auf die Tricks von Verführern hereinfällt.
- Ein echter Held ist, wer seine Kraft zu seinem und dem Schutz anderer einsetzt.
- Ein Erwachsener ist ihnen immer körperlich überlegen.

Mädchen entwickeln natürlich ebenfalls einen starken Freiheits- und Selbstständigkeitsdrang. In manchen Entwicklungsphasen ist es ihnen plötzlich peinlich, wenn sie von ihrer Mutter oder ihrem Vater in die Schule, zum Sport, zum Musikunterricht, zum Ballett oder zu einer anderen Kinderveranstaltung gebracht werden. Oft sind daran Klassenkameraden und ältere Mitschüler beteiligt, die sie deshalb verspotten. Geben Sie Ihren Kindern Rückendeckung und erklären Sie Ihnen, dass es nichts mit Unselbstständigkeit zu tun hat, wenn man gut beschützt wird. Mütter und Väter sollten ruhig dazu stehen:

- **Lieber einmal zu viel »behüten« als einmal zu wenig!**

Abgesehen davon, dass Kinder auch erst ab ungefähr neun oder zehn Jahren den Straßenverkehr richtig einschätzen können, spricht vieles dafür, ein Kind auf den meisten Wegen zu begleiten und wenn es einmal alleine unterwegs ist, Sicherheitsvorkehrungen zu treffen.

- Sprechen Sie mit anderen Müttern und Vätern ab, welche Kinder den gleichen Schulweg haben und wann sie sich wo treffen können.

- **Stellen Sie sicher, dass Sie benachrichtigt werden, wenn ein/e MitschülerIn Ihres Kindes krank geworden ist oder aus anderen Gründen nicht zur vereinbarten Zeit am Treffpunkt sein kann.**
- **Impfen Sie die Kinder, sich unterwegs nicht zu trennen oder einen Freund auszugrenzen und alleine gehen zu lassen.**
- **Bestehen Sie darauf, dass die Kinder in einem festen »Trödel«-Zeitraum nach Hause kommen.**
- **Sorgen Sie dafür, dass Sie sofort benachrichtigt werden, wenn Ihr Kind zehn Minuten nach Unterrichtsbeginn noch nicht in der Schule eingetroffen ist.**

Wir kennen Erwachsene, denen es schwer fällt, über Probleme zu reden und sich von anderen helfen zu lassen. Aus Angst oder Scham oder falscher Rücksichtnahme, andere nicht belasten zu wollen, wollen sie alles mit sich alleine abmachen. Besonders davon betroffen sind Menschen mit Problemen, die große Beschämung oder Schuldgefühle bei ihnen hervorrufen, wie Alkoholismus, Gewalt oder Missbrauch innerhalb der Familie. Wer nicht über seine Probleme spricht, isoliert sich jedoch immer mehr und gerät in einen Teufelskreis. Auch Kinder können aus Stolz oder Scham schweigen wie in der folgenden Szene:

> ■ **Daniel wird in der Schule von älteren Mitschülern erpresst. Wenn er ihnen nicht fünf Euro mitbringt, droht ihm eine Tracht Prügel. Wenn er es zu Hause erzählt, droht ihm noch mehr Gewalt. Daniel hält sich daran und fühlt sich hundeelend dabei. Als er nachmittags niedergeschlagen in seinem Zimmer hockt, fragt ihn seine Mutter, was los sei. Er schüttelt den Kopf: »Ach, nix.« Er fühlt sich noch schlechter. Als er am nächsten Tag in die Schule kommt und die neuerliche Begegnung mit den Tätern droht, geht es ihm noch mieser.**

Alles alleine zu schaffen, hat nichts mit Selbstständigkeit zu tun. Wenn wir reden, bekommen wir Hilfe und Unterstützung.

Reden ist unsere stärkste Waffe

Zum Drüberreden, Überlegen, Ausprobieren und Üben

- Wie geht es Lotte wirklich?
- Wie geht sie am nächsten Tag in die Schule, wenn sie nichts erzählt?
- Wie geht es ihr, wenn sie darüber gesprochen hat?
- Wenn Lotte erst später reden will, verschiebt sie es eben erst noch mal und redet dann, wenn sie und ihre Mutter oder ihr Vater entspannt sind.
- Wie spricht Lotte mit ihrer Mutter oder ihrem Vater, damit sie ernst genommen wird? (»Mama, Papa, jetzt hört mir bitte mal zu.«)
- Nur wenn wir reden, können Mama und Papa uns helfen.

Erfolg und Anerkennung

Raum für Scheitern und die Kunst, aus Fehlern zu lernen

Potenzielle Täter sind besonders freundlich. Locken und Verführen gehören zu den Täterstrategien, um Kinder an ihrer Schwachstelle zu »knacken«. Kinder werden nicht gewaltsam entführt. Zu Beginn ihrer Tat kommen Täter in der Regel mit ihren Lockmethoden ans Ziel.

Was hat das mit Erfolg und Anerkennung zu tun? Jemanden mit einem Versprechen oder einer Schmeichelei locken und verführen zu können, auch wenn dies eigentlich gegen den gesunden Instinkt und den Willen des Opfers geht, funktioniert nur dann, wenn das Selbstwertgefühl angesprochen wird. Unser Selbstwert wiederum hängt auch von Erfolg und Anerkennung ab.

Mütter und Väter, die ihren Kindern beständig das Gefühl geben, dass sie wertvoll sind und diese Wertschätzung nicht an Bedingungen knüpfen, tragen zu einem stabilen und positiven Selbstwertgefühl ihrer Kinder bei. Umgekehrt löst Unsicherheit der Kinder, ob ihre Eltern sie tatsächlich liebenswert finden, Selbstunsicherheit und Selbstzweifel aus.

Manchen Müttern und Vätern ist oftmals nicht bewusst, dass sie ihre Kinder verunsichern. Nicht immer ist es die deutliche negative Kritik oder Abwertung des Kindes durch einen Erwachsenen, die Zweifel an seinem Selbstwert bei ihm aufkommen lassen. Ebenso schlimm können sich zweideutige Verhaltensweisen auswirken oder gar, wenn die Kinder belogen werden.

Kinder spüren genau, was die Wahrheit ist. Oft fehlen ihnen nur die geeigneten Formulierungen dafür. Wenn sie belogen werden, übersetzen sie dies nicht sofort damit, dass dies ein Fehlverhalten des Erwachsenen ist. So weit ist ihre Menschenkenntnis noch nicht entwickelt. Deshalb werden sie unsicher, wie sie dieses Verhalten, das sich nicht mit ihrem eigenen Gefühl und ihrer

Wahrnehmung deckt, einordnen sollen. Da sie nicht kombinieren können, erleben sie die Situation im »Jetzt«: Etwas stimmt nicht. Sie fühlen sich von Mutter und/oder Vater im Stich gelassen, weil sie die Situation nicht klären, was deren Aufgabe wäre.

Das Kind fragt sich: »Welches Gefühl stimmt denn wirklich? Mein eigenes oder das, was Mama oder Papa mir erzählt?« Die große Bereitschaft von Kindern, Erwachsenen zu vertrauen, sollte jeden von uns tief berühren und uns in unsere Verantwortung bringen, dieses Vertrauen nicht zu missbrauchen, indem wir zulassen, dass Kinder belogen und hinters Licht geführt werden.

»Das kann ich meinem Kind doch nicht sagen« zeugt nicht von Sorge um das Kind, sondern vielmehr von Sorge um sich selbst und ist eine Ausrede. Jeder Mensch ist durchaus in der Lage, die Realität kindgerecht zu schildern.

Kinder, denen es an Liebe, Zuwendung und Anerkennung mangelt, leiden unter diesen Defiziten. An diesen »Lücken« können potenzielle Täter leicht andocken, indem sie dem Kind etwas versprechen, das sein Mangelgefühl scheinbar ausgleicht oder seinen Selbstwert durch Anerkennung stärkt. Je mehr Anerkennung ein Kind von seiner Mutter und seinem Vater und ihm vertrauten Personen bekommt, desto unabhängiger wird es vom Lob und von der Kritik anderer Leute.

Umgekehrt verwenden Täter die Strategie, durch offene oder getarnte Kritik auf einen Mangel des Kindes hinzuweisen und es auf diese Weise gefügig zu machen. Dies ist besonders auch bei sexuellem Missbrauch der Fall (siehe hierzu Teil 3). Manipulationen wie »Du bist doch kein Feigling, oder?« oder »Du willst doch nicht etwa kneifen?« treffen, wie im vorangegangenen Kapitel dargelegt, besonders bei Jungen leicht einen wunden Punkt.

Jungen identifizieren sich auch gerne mit ihren Superhelden aus der virtuellen Welt. Wenn sie nicht lernen, die Filmrealität von der Wirklichkeit zu unterscheiden, überschätzen sie sich im Kräftevergleich mit einem Erwachsenen leicht. Sie brauchen Erklärungen, was einen echten und wirklichen Helden aus ihnen macht. Wenn sie erfahren, dass zur wahren Stärke gehört, auch seine Schwächen zu erkennen und seine Kräfte richtig einzuschätzen, brauchen sie ihre Ansprüche an

Liebe und Anerkennung machen das Kind unabhängig.

sich selbst nicht so hoch zu schrauben. Sie sind weniger anfällig für Provokatio-
nen, mit denen sie herausgefordert und getäuscht werden sollen.

Bei Mädchen und auch Jungen gehören Komplimente und Schmeicheleien
zu der Täterstrategie, das Kind durch vermeintliche Anerkennung zu täuschen.
Viele Frauen bekommen nicht genug Respekt und haben deshalb auch wenig
Selbstachtung, woraus wiederum resultiert, dass sie auch andere Frauen nicht
würdigen. Schon im Teenager-Alter neigen junge Mädchen dazu, sich mit dür-
ren Models zu vergleichen, die ihnen suggerieren, so müssten sie sein. Dabei ist
jeder Mensch einmalig und nicht mit einem anderen vergleichbar. Auch körperlich nicht.

Aber es sind manchmal leider auch Mütter, die ihren Mädchen das Gefühl
geben, schwach und hässlich oder ganz allgemein Versagerinnen zu sein (»Wie
siehst du denn wieder aus?!«). Mütter und Väter, die diesen Teufelskreis durch-
brechen, schenken ihren Mädchen ihre Bewunderung für das, was sie sind, und
dafür, wie sie sind – und damit Selbstachtung und die Freiheit von Abwertung
oder Anerkennung durch andere.

Mädchen dürfen lernen, dass

- **sich Freundinnen nicht gegenseitig heruntermachen (»Was hat die denn heute an?!«, »Du bist ja viel zu dick!«),**
- **sie Mädchensolidarität zeigen, statt sich gegenseitig auszuspielen,**
- **sie von jedem Menschen Respekt erwarten dürfen,**
- **sie einen wunderbaren und einmaligen weiblichen Körper und ein ebenso
  wundervolles und einzigartiges weibliches Wesen haben,**
- **ihr mutiges Vorbild anderen Mädchen Mut macht,**
- **starke Frauen ihnen Kraft und Unterstützung geben können.**

■ Valerie hat schöne, lange, dunkle Haare. Unterwegs spricht sie ein Fremder darauf an. Er hat einen Fotoapparat dabei. »Hast du tolle Haare! Genauso ein hübsches Mädchen wie dich suchen wir als Kindermodel. Ich mache mal schnell ein Foto von dir.« Valerie fühlt sich geschmeichelt und lächelt brav in die Kamera. Im Seminar lernt Valerie erstens, sofort ihrer Mutter und ihrem Vater zu erzählen, wenn jemand sie fotografieren oder filmen wollte oder dies womöglich getan hat, und zweitens, dass sie Nein sagt und nicht lieb in die Kamera lächelt.

Der Vorfall sollte auf jeden Fall angezeigt werden. Durch einen Elternbrief von der Schule können auch andere Eltern über den Vorfall informiert werden. Das ist besser als die »Gerüchteküche«.

■ Mit »getarnter Kritik« in Form von Vorwürfen wird Nicolas auf dem Weg zum Sportverein konfrontiert. In ein paar Metern Entfernung ist ein Mann gestürzt und hält sich mit vor Schmerz verzerrtem Gesicht das Bein. »Aua! Kannst du mir mal aufhelfen? Ich glaube, ich hab mir den Knöchel verstaucht.« Er streckt Nicolas Hilfe suchend den Arm entgegen. Nicolas zögert. Der Unbekannte reagiert zornig und vorwurfsvoll darauf: »Hey, was ist denn mit dir los? Willst du mir nicht helfen? Willst du mich hier einfach so liegen lassen?«

Nicolas hat mit seinen acht Jahren natürlich schon mitgekriegt, dass Hilfsbereitschaft eine Tugend ist. Was geht also in ihm vor? Hilft er nicht, weil er Bauchkribbeln hat, ist er nicht lieb. Wenn er nicht lieb ist, mögen ihn die anderen vielleicht nicht. Je nachdem, wie abhängig Nicolas von der Anerkennung anderer ist, wird er dieses Gefühl nicht aushalten. Er wird seinen Instinkt übergehen und dem Fremden auf die Beine helfen.

Nun könnte diese scheinbar »gute Tat« auch einen guten Ausgang haben. Es könnte ein netter Mensch gewesen sein, der sich bei seinem Helfer bedankt und weiter seines Weges geht. Es könnte aber auch ein Trick gewesen sein, um den Jungen an die Hand nehmen und festhalten zu können. Auffallend und merkwürdig ist, dass ein erwachsener Mann ein Kind bittet, ihm aufzuhelfen, das kräftemäßig dazu noch gar nicht in der Lage ist.

Nicolas hat im Seminar gelernt: Er will es gar nicht genau wissen. Er holt Hilfe.

Die richtige Reaktion ist, Hilfe zu holen. Ein Erwachsener, der in der hier geschilderten Situation um Hilfe gebeten wird, sollte auf jeden Fall einen Rettungswagen verständigen und das Kind nicht alleine weiter gehen lassen. Es wird sich auf diese Weise sehr schnell herausstellen, ob der Sturz des Mannes echt oder eine Falle war.

Schutz vor solchen Täterstrategien haben Kinder, wenn sie nicht abhängig von der Zuwendung und den Schmeicheleien fremder Leute sind. Die beste Prävention besteht darin, unserem Kind unsere Zuwendung zu geben und sinnvolle Lösungen zu suchen.

In das Paket »Zuwendung« gehört, ihm bedingungslose Liebe und absolutes Vertrauen zu schenken. Wenn es die wunderbare Erfahrung macht, dass es von seiner Mutter und seinem Vater und vielleicht auch noch anderen Bezugspersonen geliebt wird, so wie es ist, und sich hundert Prozent auf seine Mutter und seinen Vater verlassen kann, ist es gegen bedrohliche Verführungen gut gewappnet.

Außerdem befindet sich in dem Paket Aufmerksamkeit. Hören Sie Ihrem Kind zu. Nehmen Sie sich Zeit, seine Fragen zu beantworten. Zur Aufmerksamkeit gehört auch, dass Sie reagieren, wenn es ein Problem erzählt. Wurde es beispielsweise in der Schule von einem anderen Kind geschlagen oder gemobbt, gehen Sie zu diesem Kind und sprechen respektvoll, aber klar und deutlich mit ihm.

Erklären Sie ihm, dass Streit nicht mit den Fäusten gelöst werden darf und dass seine körperliche Gewalt Ihr Kind verletzt hat (seelisch und körperlich). Es gibt bessere Möglichkeiten, mit Wut und Auseinandersetzungen umzugehen. Sagen Sie ihm: »Wenn du ein Problem hast, rede darüber. Ich möchte nicht, dass du Clara noch einmal wehtust. Ich verlasse mich auf dich.«

Verankern Sie die Lektion in gewaltfreier Konfliktlösung, indem Sie das Kind bitten, Sie anzuschauen und Ihnen zu bestätigen, dass es Sie verstanden hat. Womöglich fragen Sie es auch noch, ob es noch Fragen hat oder etwas klären möchte. Möglicherweise sollten Sie auch noch ein Gespräch mit seinen Eltern oder Lehrern führen.

Das Zuwendungspaket für unser Kind enthält auch Anerkennung. Geben Sie Ihrem Kind Bestätigung für das, was es ist – nämlich Ihr wundervolles, einmaliges Kind –, für seine Fähigkeiten, seine guten Ideen, seine Leistungen, seine Neugierde und seine Lernbereitschaft.

Übrigens, unglückliche, überforderte und mit Problemen belastete oder zu gutgläubige Kinder können auch Opfer von Drogenmissbrauch werden. Aufklärung über den tatsächlichen Effekt von Drogen – auch den so genannten »Designer- oder Babydrogen« – hilft den Kindern, sich nichts einreden zu lassen und sich keine Illusionen zu machen.

Kinder müssen lernen:

- **Es gibt keine Pillen, die schlau und glücklich o.Ä. machen!**
- **Dem Lehrer (meiner Mutter oder meinem Vater) melden wir sofort, wenn uns jemand irgendwelche Pillen verkaufen wollte.**

Anspruch und Verzicht

Das rechte Maß für sich finden

Kinder finden die Welt so vor, wie die Erwachsenen sie gestaltet haben. In der Regel können sie schon nach den ersten Lebensjahren »Mein Bobbycar, mein Barbiehaus, mein Gummiboot, meine Baby-Born-Puppe!« vorweisen. Und das ist längst nicht alles. Warum auch nicht, solange die Sache bleibt, was sie sein sollte – nämlich ein Spiel und damit im Fluss. Solange etwas in Bewegung bleibt, findet ein Austausch von Geben und Nehmen statt. Sie haben etwas – und lassen es wieder los.

Wenn Kinder öfter mal ein Spielzeug verlieren, weinen ihm Mütter und/oder Väter oft länger nach als ihre Kinder. Meist haben diese den Verlust schnell vergessen. Eine wirkliche Beziehung besteht nur zu ein paar wenigen Puppen, Stofftieren und anderen Schätzen. In den Urlaub »müssen« nur ein paar Kuscheltiere und die Lieblingspuppe mit. Neue und zusätzliche Schätze finden sie jederzeit und überall: Steine, Muscheln, Schneckenhäuser, Blumen, Stöcke, Kastanien. Zu den lebenden Sammlerobjekten gehören Insekten aller Art, Schnecken, Grashüpfer, Spinnen oder Kaulquappen. Sie werden gesammelt und mitgenommen, aber nicht zwingend zu dauerhaften Besitztümern.

Kaufen Sie schöne Dinge, um sich damit zu schmücken oder sich daran zu erfreuen. Kaufen Sie Ihren Kindern schöne Sachen, damit sie Spaß daran haben. Nicht um zu zeigen: »Ich habe was, also bin ich was.« Nicht, dass wir – genauso wie unsere Kinder – nicht stolz herzeigen sollten, wenn wir uns etwas gekauft haben, das wir ganz toll finden. Worum es geht, ist die Abhängigkeit davon.

Vereinfacht ausgedrückt besteht eine Abhängigkeit von etwas, wenn wir uns ohne es nicht wohl und sicher fühlen. Natürlich verbergen sich in der Abhängigkeit individuell verschiedene Ängste und Selbstunsicherheit.

Manche Menschen stellen hohe Ansprüche an sich selbst, mit denen sie sich überfordern und einengen. Wie viel belastende Schulden werden wohl nur gemacht, um »mithalten« oder die Erwartungen anderer Leute erfüllen zu können? Wenn Verzicht nicht mit einem schmerzlichen Bedauern, sondern dem Gefühl der Befreiung und Entlastung verbunden wird, kann er einen positiven Beitrag zur Lebensgestaltung leisten.

Die Überfülle des Warenangebots führt zu einer Reizüberflutung und überfordert Kinder völlig. Sie glauben aus einem spontan geweckten Bedürfnis, sie bräuchten diesen rosa Plüschhasen unbedingt, obwohl ihr Zimmer schon von einer ganze Hasenfamilie bevölkert wird. Ein Nein setzt diesem Bedürfnis eine gesunde und entlastende Grenze.

Solange die Bedürfnisse eines Kindes vollkommen befriedigt sind, kann es durchaus Verzicht leisten, ohne Probleme damit zu bekommen (schlimmstenfalls einen Koller mitten im Kaufhaus). Ein Kind, dessen Körper, Geist und Seele satt sind, hat keine übertriebenen Ansprüche. Im Unterschied zum Bedürfnis, das von innen aus einem selbst kommt, werden Ansprüche von außen durch einen Reiz angeregt (Kaufanreiz durch Werbung).

Wenn Ihr Kind Sie forderndes Blickes anbrüllt: »Ich will das aber haben!«, verbinden Sie Ihr Nein damit, es wieder einmal ganz fest in den Arm zu nehmen und tonnenweise mit Liebe zu überschütten. Verschieben Sie die Diskussion vielleicht mit folgenden Worten: »Ich denke darüber nach. Wir reden dann noch einmal darüber.«

Damit bekommt auch Ihr Kind Zeit, den rosa Plüschhasen entweder sowieso schnell zu vergessen oder Sie erneut – aber ernsthafter und nicht kollernd – darum zu bitten. Sie selbst können dann auch noch einmal überprüfen, ob es sich um ein tatsächliches Bedürfnis (es würde Ihrem Kind wirklich Freude machen) oder eine durch den momentanen Reiz ausgelöste Laune handelt (meist verbunden mit Trotz und Wut als Ausdruck der Reizüberflutung und Überforderung). So sehr Geld und Besitz beruhigt und sicher auch Freude macht, beziehen wir wirkliche Glücksgefühle aus anderen Quellen.

Unsere wahren Bedürfnisse finden wir mit den wesentlichen Fragen:

- **Was kann ich?**
- **Was tue ich gern?**
- **Was gefällt mir besonders?**
- **Wo fühle ich mich wohl und stark?**
- **Was möchte ich verwirklichen?**

Wir alle wollen die Zukunft unserer Kinder gerne auch materiell absichern. Aber wenn wir durch zu hohe Belastungen zu erschöpft sind, können wir sie nicht mehr mit Seelennahrung – Liebe und Zeit – versorgen, die ihnen einmal die Kraft und Sicherheit gibt, gut für sich selbst zu sorgen. Das rechte Maß für sich zu finden ist eine Lebenskunst. Wir geben unseren Kindern nur das weiter, was wir ihnen vorleben.

Ein paar grundsätzliche Vorüberlegungen beugen der Konsumfalle vor:

- Wohlstand ist ein Zustand, eine Lebenslage, in der ich mich wohl fühle.
- Dieser Zustand hängt nicht von Reichtum oder Verzicht ab, sondern einzig und allein von meiner persönlichen Eigenart.
- Fülle und Überfluss wechseln sich ab mit Veränderung und Leere.
- Materieller Überfluss hat nichts mit Selbstwert zu tun.
- Der Wert eines Menschen hängt nicht von seinem Besitz oder Kontostand ab.
- Ein Kind ohne Nahrung, Kleidung und Wohnung verhungert oder erfriert, selbst wenn es einen Überfluss an Liebe bekommt.
- Ein Kind ohne Liebe, Fürsorge und Schutz verkümmert und lernt nicht, sich wertvoll zu fühlen und gut für sich zu sorgen, selbst wenn es Nahrung, Kleidung und Luxus im Überfluss bekommt.
- Bewusster, situationsbedingter Verzicht bedeutet auch Entlastung, Befreiung und Unabhängigkeit.

Mütter und Väter kennen die Erfahrung, dass Kinder sehr oft die gleichen Spielsachen oder die gleiche Kleidung haben wollen wie ihre Freunde. Dahinter verbirgt sich der Wunsch nach Zugehörigkeit. Je sicherer Ihre Tochter oder Ihr Sohn ist, dass es wunderbar ist, ihre Freundin oder sein Freund sein zu dürfen, egal, ob Ihr Kind die »coolste« Kleidung oder die tollsten Spielsachen besitzt, desto weniger wird es seinen Selbstwert von seinen Besitztümern abhängig machen. Sagen Sie Ihrem Kind deshalb so oft wie möglich, wie stolz Sie sind, dass es Ihr Kind und bei Ihnen ist.

Kinder sollten es ihrer Mutter und/oder ihrem Vater grundsätzlich wert sein, dass

- sie ihre materiellen Wünsche innerhalb der Möglichkeiten erfüllt bekommen,
- sie ab und zu etwas sehr Kostbares als Wertschätzung geschenkt bekommen,
- sie lernen dürfen, dass sie kein bestimmtes Markenprodukt brauchen, um gleichwertig mit denen zu sein, die es bereits haben,
- sie nicht mit der Wegnahme ihrer materiellen Besitztümern bestraft werden,
- sie selbst über ihren Besitz frei verfügen und bestimmen dürfen.

Wenn Kinder grundsätzlich wissen, dass sie diesen Wert bei ihrer Mutter und ihrem Vater haben, können sie auch gut verstehen, wenn es einmal nicht möglich ist, einen Wunsch erfüllt zu bekommen. Sie können ihren Wunsch auf später verschieben und im Augenblick gut darauf verzichten.

Mit dieser Art von Verzicht könnte sogar eine spannende Erfahrung verbunden sein:

- Lässt der Wunsch nach oder wird er immer stärker?
- Gefällt mir das Teil wirklich oder will ich es nur, weil Patricia es auch hat?
- Wie kann ich mit darauf sparen helfen?
- Kann ich es mir von meinem eigenen Taschengeld kaufen?
- Ist es mir das Geld wirklich wert?
- Ich kann stolz auf mich sein, wenn ich auch mal abwarten kann.

Vielleicht können Kinder dann sogar irgendwann ganz darauf verzichten, weil es gar nicht mehr so wichtig oder attraktiv ist, genau diesen Gegenstand oder dieses Kleidungsstück zu besitzen.

Der bewusste Umgang mit begehrten Konsumartikeln ist in Hinblick auf den Schutz unserer Kinder vor Täterstrategien sehr wichtig. Auch wohlmeinende Verwandte und Bekannte locken Kinder mit Konsum und Mütter und Väter lassen sie oft unbewusst widerspruchslos gewähren.

Wenn Regina von Opa und Oma ein Eis für die gute Mathematik-Note oder eine Edeljeans für das Superzeugnis bekommt, sollten ihre Mutter und ihr Vater diese Form von Belohnung zumindest kommentieren: »Das hast du toll gemacht. Oma und Opa finden das auch und wollen dir ein Eis zur Feier des Tages spendieren.« Die Anerkennung ist das Entscheidende und richtet sich auf die Person, nicht auf die Note.

»Erpressung« lernen Kinder, wenn Anerkennung an eine Bedingung geknüpft ist. »Wenn du gut in der Schule bist, mögen wir dich besonders gern.« »Wenn du eine gute Note in Mathe schreibst, bekommst du einen Gameboy.«

Umgekehrt benutzen Kinder dann ihre Leistung, um dafür ein Geschenk oder eine Erlaubnis zu erpressen. »Wenn ich eine gute Note habe, bekomme ich ein Eis.«

Besser sollte eine Verbindung zwischen zwei voneinander getrennten Fakten hergestellt werden: »Mein Zeugnis/meine Note ist toll. Ich bekomme heute ein Eis dafür.« Richtig ist: »Wir lieben dich immer, so wie du bist. Egal, wie deine Noten sind. Und es ist toll, dass du so gut in Mathe bist.«

Wenn sich im Gedächtnis ein von Bedingungen abhängiges Belohnungssystem verankert, wird der Verführungsversuch eines Fremden beim Kind zunächst eine positive Assoziation wecken. Hier liegt die Gefahr, dass Kinder dann ihr warnendes Bauchkribbeln übergehen, weil sie statt wachsam zu sein sofort in eine positive Erwartungshaltung kommen.

Bei jeder Verführung durch Konsum, egal ob dies Geld, Süßigkeiten, Spielzeug oder Kleidung ist, sollte Ihr Kind ein schützendes Verhaltensrepertoire verinnerlicht haben. Bieten Sie ihm folgende Formulierungen an, um sich innerlich gegen Lockangriffe zu stärken:

- Ich bin nicht käuflich.
- Ich verkaufe mich (einen Kuss oder eine gute Leistung) nicht (für Geld, ein Eis, Spielzeug oder eine neue Jeans).
- Ich lasse mich nicht locken.
- Ich darf immer und bei jedem Nein sagen.
- Ich brauche nichts von fremden Leuten, weil ich das Gleiche auch von meiner Mami (oder meinem Vati) bekommen kann.
- Ich brauche nichts von Onkel Franziskus (Tante Walpurga) annehmen, weil ich etwas genauso Schönes zu Hause habe oder meine Mutter oder mein Vater es mir kaufen können.
- Nichts ist so toll, dass ich deshalb etwas tue, was ich nicht will.
- Nichts ist so toll, dass ich deshalb nicht auf mein Bauchkribbeln (meine Angst) höre.

Selbstbestimmung und Rücksichtnahme

Ein eigenverantwortliches Miteinander

Ein selbstbestimmtes Leben zu führen setzt voraus, dass wir die im vorherigen Kapitel erwähnten Fragen nach den wahren Bedürfnissen stellen und uns selbst kennen lernen. Viele Menschen übernehmen ihr Selbstbild von anderen und orientieren sich daran, wie sie von anderen Leuten beurteilt werden.

Kinder sind noch stark angewiesen auf die Rückmeldung ihrer Vertrauenspersonen – zuallererst der ihrer Mutter und ihres Vaters –, um zu entdecken, wer sie sind.

Nur wer sich selbst kennt, kann sein Leben nach seinen Bedürfnissen gestalten. Er lernt eigenverantwortlich zu handeln – indem er auf sich selbst »antwortet«. Aus dieser Eigenverantwortlichkeit heraus werden Beziehungen zu anderen geknüpft, die auf Respekt, Toleranz und Rücksichtnahme gründen.

Im letzten Kindergarten- und den ersten Schuljahren hört man bei Kindern, die zusammen spielen, häufig: »Ich bin jetzt der Bestimmer« oder »Jetzt bestimme ich, was wir spielen.« Kinder lernen durch streiten, wo sie ihre Grenzen behaupten müssen und wo sie sich für den anderen öffnen können. Streit ist eigentlich die Verhandlung darüber, ob die »Burgtore« jetzt für den Besucher geöffnet oder wieder geschlossen werden. Da jeder seine »Burg« verteidigt, kann das zu tränenreichen Auseinandersetzungen führen. Dennoch haben Kinder das Naturtalent, die Konflikte am Ende wieder zu lösen und wieder einträchtig miteinander zu spielen.

In dieser Zeit entdecken Kinder häufig auch, dass zu Hause der Vater »der Bestimmer« ist. Sie beobachten, dass es anders läuft, sobald er zu Hause ist – und für ihre kleinen Burgen kein Platz mehr zu sein scheint.

Autorität wurde den Männern selbstverständlich zugestanden. Jungen und Mädchen lernen von autoritär auftretenden Männern zweierlei: Einerseits, Angst vor ihnen zu haben und sich ihrem Willen zu beugen und über sich bestimmen zu lassen. Andererseits schauen sich Jungen von Männern auch ihr eigenes zukünftiges Rollenverhalten ab. Jungen reagieren auf männliche »Herrschaft« ambivalent: Sie werden selbst klein und eingeschüchtert und streben gleichzeitig danach, genauso »stark« aufzutreten. So entsteht die Haltung »nach oben kuschen« und »nach unten treten«.

Je nachdem welche Reaktionsweisen die Mutter auf männliches Verhalten entwickelt hat, orientieren sich Mädchen daran und verhalten sich entsprechend angepasst. Da Frauen seit mehreren Tausend Jahren in einen gesellschaftlichen Opferstatus geraten sind, entwickeln viele Frauen immer noch keine Selbstbestimmung. Die bisherigen Emanzipationsversuche, die ja erst ein paar Jahrzehnte alt sind, haben noch keine wirklich durchschlagenden Veränderungen in der Haltung der Frauen selbst und der Gesellschaft (Männern und Frauen) gegenüber Frauen bewirkt.

Obwohl alle Kinder lernen, dass ein lautstarkes Nein nicht unbedingt erwünscht ist, wird es Jungen mit zunehmendem Alter leichter gemacht als Mädchen. Irgendwann sind Jungs »einfach so«. Laute Mädchen hingegen sind »einfach unmöglich«, denn für ein Mädchen gehört sich so etwas nicht.

Wenn der »Bestimmer« beim Spiel mit den Freundinnen und Freunden nicht lernt, dass andere das gleiche Recht haben wie er und abwechselnd bestimmt oder ein Kompromiss zwischen beiden Wünschen gefunden werden muss, entwickelt er keine Einfühlung (oder Mitgefühl) und keine Rücksichtnahme. Mitgefühl und Rücksichtnahme können nur dann entstehen, wenn jeder in sich selbst fühlen und wahrnehmen kann, was ein bestimmtes Verhalten anderer mit ihm macht.

Bestimmt ständig nur Laura und Patricia unterwirft sich ihr, wird sich Patricia sehr schlecht dabei fühlen. Wenn es ihr nicht gelingt, im gleichen Maße dafür zu sorgen, dass auf ihre Wünsche eingegangen wird, wird ihr Weg zur Selbstbestimmung blockiert. Laura hingegen lernt in der Beziehung zu Patricia nur, dass sie alles bestimmen kann. Solange sie mit Patricia zusammen ist, wird ihr nicht unbedingt fehlen, dass sie Verhaltensweisen wie Rücksichtnahme und Mitgefühl nicht entwickelt hat. Aber im Laufe ihres Lebens wird sie mit vielen anderen Menschen zu tun bekommen, die anders als Patricia sind. Wo lauter »Bestimmer« zusammen treffen, geht gar nichts mehr und mit lauter »Unterwürfigen« wird es mit der Zeit auch langweilig.

Das gängige Verhaltensschema von Jungen und Mädchen ist ein Wechsel zwischen »Bestimmer« und »Unterwürfigem«. Der Weg zum eigenverantwortlichen Erwachsenen, einem Menschen, der seine Bedürfnisse und seine Wesensart erkannt hat, dafür sorgt und dabei die Bedürfnisse und Wesensart anderer berücksichtigt und die Konsequenzen seiner Handlungen übernimmt, kann nur durch das Erlernen von Selbstbestimmtheit und Einfühlung (Mitgefühl und Rücksichtnahme) gelingen.

Wenn der »Bestimmer« keine Einfühlung erwirbt, wird er keine Verantwortung für sein Handeln und für andere übernehmen. Schuldzuweisung an andere ist ein gängiges Verhalten solcher Menschen in unserer Gesellschaft. Umgekehrt bleibt der »Unterwürfige« sich selbst etwas schuldig. In dieser Hinsicht ist auch er verantwortungslos gegenüber sich selbst und damit abhängig.

Bestenfalls lernen Mädchen und Jungen beides. Dies wäre die Voraussetzung für eine Gesellschaft, in der es immer weniger Täter und Opfer gäbe.

Mütter und Väter können ihren Kindern verschiedene Formulierungen anbieten, die ihnen zeigen, wie Selbstbestimmung und Rücksichtnahme in Einklang gebracht werden können:

● **Du bist mir wichtig.**
● **Ich achte dich, so wie du bist.**
● **Ich nehme dich und deine Wünsche und Bedürfnisse ernst.**
● **Ich möchte, dass du mich und andere genauso behandelst.**
● **Ich werde für die Erfüllung deiner Wünsche und Bedürfnisse sorgen.**
● **Ich erfülle deine Bedürfnisse ebenso wie meine oder die eines anderen.**

- **Manchmal musst du die Erfüllung deines Bedürfnisses auf etwas später verschieben.**
- **Wenn dein Wunsch mit meinem nicht in Einklang gebracht werden kann, suchen wir gemeinsam eine Lösung.**
- **Du kannst dich daran beteiligen, dass wir beide eine dritte Möglichkeit finden, die alle zufriedenstellt.**
- **Du hast so viele gute Ideen. Hilf mir, dass wir gemeinsam das Problem lösen.**
- **Du kannst mir vertrauen, dass ich eine gute Lösung für uns finden werde.**

Mitgefühl und verantwortliches Handeln lernen Kinder nicht nur durch eigene Erfahrung, sondern auch, wenn sie zum Beispiel andere beim Rollenspiel im Kindersicherheitskurs beobachten. Sie fiebern mit, wenn Annika dem Trainer in der Rolle des »Unbekannten« auf seine Frage bereitwillig ihre Adresse gibt. Sie erkennen die Tricks des potenziellen Täters und die Haltung der Betroffenen. Sie lernen, dass wir zu zweit immer stärker sind. Sie lernen, Hilfe zu holen, wenn sie mit anderen Kindern zusammen auf dem Spielplatz sind.

Wie Kinder als Gruppe auf dem Spielplatz oder beim Spiel im Freien zusammenhelfen können, wenn ein Kind von einem Fremden angesprochen wird, ist auch eine Übung, die in Kindergärten und Schulen gemacht werden kann.

> ■ **Tobias spielt mit seinem Schulfreund Sebastian im Sandkasten. Sie graben ein riesiges Loch. Als Sebastian mal hinter den Busch muss, kommt ein unbekannter Mann auf Tobias zu und spricht ihn an. Er bewundert den tollen Krater, den er im Sand gebuddelt hat, und fragt, ob er mit Tobias Wasser für das Loch holen soll. Er habe einen großen Eimer in seinem Auto. Tobias solle doch mal mitkommen. Tobias starrt verlegen auf seine Füße und schüttelt den Kopf.**
>
> **Sebastian kommt inzwischen zurück und guckt den Fremden neugierig, aber mit gesundem Misstrauen an. Tobias ist jetzt mutiger, weil er nicht mehr allein ist. Die erneute Frage des Mannes, ob er mit ihm Wasser holen will, verneint er jetzt heftiger. Der Mann lässt aber nicht locker. »Jetzt stell dich doch nicht an! Hast du was gegen mich? Ich tu dir doch nichts.«**

> Da startet Sebastian los. Er läuft zu einer Mutter, die am Rand des Sandkastens sitzt, und erzählt ihr, dass sein Freund da drüben von dem Unbekannten belästigt wird. Die Frau soll ihm helfen. Der Unbekannte wird sich spätestens dann entfernen, wenn die zu Hilfe gerufene Mutter – am besten mit dem Finger auf dem Notrufknopf des Handys – auf ihn zugeht.

Wenn Kinder sich Hilfe holen müssen, weil sie auf dem Schulhof von anderen Kindern bedroht oder angegriffen werden, werden sie oft durch den Vorwurf, eine »Petze« zu sein, gehemmt.

> ■ Die siebenjährige Julia wird in der großen Pause von einer Viertklässlerin so in die Zwangsjacke genommen, dass sie am Hals gewürgt wird und kaum mehr Luft bekommt. Julias Freund Felix hängt sich erst an das größere Mädchen und versucht, sie von Julia wegzuzerren. Aber außer, dass er fast ihr T-Shirt zerreißt, hat er keinen Erfolg. Er läuft los und holt die Pausenaufsicht. Nachdem Julia befreit und die Viertklässlerin zurechtgewiesen worden ist, muss sich Felix statt Anerkennung von anderen Schülern anhören, er habe gepetzt! Im Gegenteil kann Felix aber stolz auf sich sein, dass er Julia so toll geholfen hat. Das war nicht petzen, sondern Hilfe holen!

Kinder lernen:

- **Hilfe holen ist nicht petzen!**
- **Sie lernen den Unterschied zwischen Hilfe holen und Petzen, um handlungssicherer zu sein**

Allgemein sollen Kinder im Benennen von allem, was falsch ist, bestärkt werden. Ebenso darin, darüber zu reden und Hilfe und Schutz als ihr Recht einzufordern. Diese Haltung wirkt der immer noch verbreiteten Tendenz zu Täterschutz entgegen.

Hilfe holen ist nicht petzen!

Zum Drüberreden, Überlegen und Üben

Was kann Lotte machen, um Justus zu helfen?

- Andere Kinder holen, die Pausenaufsicht verständigen, ins Lehrerzimmer gehen.
- Hilfe holen ist nicht petzen!
- Reden ist unsere stärkste Waffe!

Liebe und wie sie sich anfühlt

Kinder müssen auch wissen, was Liebe *nicht* ist

Obwohl sich die meisten Menschen am allermeisten nach Liebe sehnen, werden sie gerade in der Liebe am meisten enttäuscht. Jeder Mensch will geliebt werden, aber darüber, was Liebe ist, gehen die Meinungen weit auseinander und daher wohl auch so viele Beziehungen.

Liebe wird in der Regel von anderen erwartet. Doch mit den eigenen Liebeshandlungen sind viele Leute recht zurückhaltend.

Am besten erkennt man Liebe daran, was sie nicht ist. Wahrscheinlich gibt es kein anderes Wort, das mehr missbraucht wird. Unter dem »Deckmantel« der Liebe werden gerade auch Kinder getäuscht, manipuliert, bedroht, gefügig und abhängig gemacht. Was ihnen als Liebe verkauft wird, ist oft nichts anderes als ein Lippenbekenntnis.

Wir alle kennen den Spruch »Mutter/Vater wollte doch nur dein Bestes.« Meistens wird damit ein schlimmes Unrecht am Kind verteidigt. Wie viel Leid wird Kindern zugefügt, weil ihre Mütter und Väter das Beste für sich mit dem Besten für ihr Kind verwechseln! Liebe erkennt man nur an den Taten des Menschen, der behauptet, uns zu lieben. Vorgetäuschte Liebe, die oft getarnte Eigenliebe ist, erkennt man ebenfalls daran, wie ein anderer sich verhält. Hilfreich ist dabei die ungetrübte Wahrnehmung, unser Instinkt oder unsere innere Stimme.

Die liebevolle Haltung einer Mutter und eines Vaters zu seinem Kind ist

- zärtlich,
- fürsorglich,
- schützend,
- warm,
- fördernd,
- verantwortungsvoll,
- zuverlässig,
- aufmerksam,
- mitfühlend,
- großzügig,
- rücksichtsvoll,
- respektvoll,
- gerecht,
- anerkennend,
- ehrlich,
- vertrauend.

Mütter und Väter, die ihre Kinder aufrichtig lieben,

- zeigen ihre Liebe offen,
- achten ihre Kinder,
- behandeln alle Kinder gerecht,
- lieben und akzeptieren ihre Aufgabe als Mutter/Vater,
- erziehen klar und konsequent,
- geben ihren Kindern eine klare Orientierung,
- sagen ihren Kindern die Wahrheit,
- erkennen den Wert ihrer Kinder an,
- erfüllen ihre Bedürfnisse und Wünsche,
- empfinden das Zusammensein mit ihren Kindern als Bereicherung,
- empfinden ihre Kinder als ein kostbares Geschenk.

Eine verschwommene Vorstellung von der Liebe bewirkt einerseits Selbstzweifel – »Bin ich wirklich liebenswert?«, »Werde ich auch geliebt, wenn ich mich einfach so verhalte, wie ich bin?« Aus diesen Unklarheiten ergeben sich eine Menge Missverständnisse und Verwirrungen in späteren Paarbeziehungen. In einer Epoche, in der statistisch jede dritte Ehe geschieden wird, wobei die vorehelichen Trennungen und Trennungen in nicht ehelichen Partnerschaften nicht berücksichtigt sind, könnte dies auf ein tiefes, ursächliches Liebes-Missverständnis deuten.

Oft denken Mütter und Väter nicht daran, mit ihren Kindern über Liebe zu sprechen. Sie erfahren Liebe in erster Linie als die Liebeserklärungen, die sie von ihrer Mutter und ihrem Vater bekommen: »Ich habe dich lieb.« Kinder fragen häufig danach: »Hast du mich lieb, Mami?« oder, wenn es Streit gab: »Hast du mich *noch* lieb?« Wichtig ist also, Kinder spüren zu lassen, dass sie geliebt werden, und seine Liebe nicht nur verbal zu erklären, sondern das Kind aufzufordern, zu spüren, wie es sich dabei fühlt.

So wie Kinder (und Menschen im Allgemeinen) Angst und Wut im Bauch ansiedeln, haben sie eine gute Vorstellung von der symbolischen Zuordnung von Gefühlen zum Herzen. Unser Herz gilt als universell verständliches Symbol der Liebe. Um Gefühle auszudrücken, verwenden wir eine Bildersprache. »Mein Herz klopft (vor Aufregung)«, »Mein Herz hüpft (vor Freude)«, »Mein Herz ist schwer (vor Traurigkeit)« oder »Es zerreißt mir das Herz (vor Verzweiflung)«.

Um wahrzunehmen und zu spüren, ob es sich auch wirklich geliebt fühlt, braucht ein Kind diese Formulierungen. Wenn es fragt, ob es geliebt wird, bestätigen Sie es ihm und fordern es auf, doch einmal zu schauen, ob es das Gefühl auch spüren kann. Es kann sein, dass es dies zu Anfang verneint. Oder es beschreibt es sogleich. »Mein Herz fühlt sich warm an« oder »Mein Herz fühlt sich gut«. Die Beschreibungen werden von Kind zu Kind verschieden sein. Wichtig ist, dass das Gefühl auch im Körper gespürt wird.

Nach Auseinandersetzungen mit unseren Kindern ist die Bestätigung unserer Liebe zu ihnen besonders wichtig. »Wir hatten Streit miteinander und ich liebe dich wie immer.« Hier ist das »*Und* ich liebe dich« wichtig, kein »aber« oder »trotzdem«, denn wirkliche Liebe darf nicht an eine Bedingung geknüpft werden. Wahre Liebe ist bindend und besteht daher nur in wirklichen Bindungen, die wiederum nicht durch einen Streit zerstört werden können.

Bindungen und Beziehungen sind von Natur aus sehr stark und gehen eigentlich nur durch massive Vertrauensbrüche kaputt. Das Kind sollte gewiss sein dürfen: »Ich kann darauf vertrauen, dass ich von meiner Mama und meinem Vater geliebt werde und deshalb darf ich auch mit ihnen streiten.« Nicht etwa: »Wenn ich brav bin, haben mich meine Mama und mein Papa lieb.« Wenn Liebe an Abhängigkeiten und Bedingungen gekoppelt ist, werden bei Kindern Grundsteine für Manipulationsmöglichkeiten gelegt.

Die »Missbrauchsfalle« schnappt für die Opfer endgültig zu, wenn es Tätern gelingt, das soziale Umfeld (auch die Personen, denen sich das Kind anvertraut) zu täuschen. Aus den Berichten von missbrauchten Mädchen und Frauen geht hervor, dass es für sie oft aussichtslos war, Schutz zu finden, und sie mit Argumenten wie »Er liebt dich doch« im Stich gelassen wurden. Aus dem gleichen Grund heraus wird Missbrauch von Kindern oft jahrelang erduldet.

An Bedingungen geknüpfte Liebe macht das Kind abhängig und damit von vornherein zum Opfer. Da es mit »Liebesentzug« bestraft wird, wenn es das gewünschte Verhalten nicht zeigt, wird es in einem ständigen Spannungszustand gehalten. Es sehnt sich nach Liebe und Anerkennung, die *Wahre Liebe ist nicht an Bedingungen geknüpft.* eben nicht ständig und zuverlässig für es da sind, und kämpft bis zur Selbstaufgabe darum, indem es sich auch Forderungen anpasst, die ihm schaden (wie bei sexuellem Missbrauch). Das Kind stellt seine eigenen Bedürfnisse und Gefühle zurück, bis diese irgendwann womöglich gar nicht mehr gespürt werden.

Konsequenzen für unerwünschtes oder falsches Verhalten sollten niemals mit Liebe verquickt werden, sondern nur mit ihrer tatsächlichen Folge. »Wenn du mich so anschreist, fühle ich mich angegriffen und verletzt und deshalb reagiere ich auch wütend darauf.« Nicht etwa: »Wenn du so bist, mag ich dich gar nicht mehr.«

Natürlich reagieren Mütter und Väter in der Hitze des Gefechts auch einmal mit Ablehnung. Sich bewusst dafür zu entschuldigen und das eigene Verhalten als Fehler zu erklären, der auch Erwachsenen passiert, verhindert die Verunsicherung des Kindes ebenso wie die sofortige Bekräftigung, dass Sie es immer lieben, genauso, wie es ist – auch im Streit.

An Bedingungen geknüpfte Liebe ist eine Ausrede, die in den allermeisten Fällen einen Vertrauensbruch nach sich zieht. Diese vorgetäuschte »Liebe« ist nicht einfach vorhanden wie die Luft zum Atmen, sondern kann jederzeit und nach Willkür der Person, die sie gibt, weggenommen werden. Sie ist also nicht mit dem eigenen Selbst – und dem Wert – des Kindes verbunden, sondern abhängig von dem Wohlwollen und den Launen eines anderen.

Wenn das Wort »Liebe« missbraucht und benutzt wird, um jemand anderen zu verführen und für eigene Bedürfnisse zu benutzen, verlieren wir das Vertrauen in den Missbraucher oft noch lange nicht, aber in uns selbst. Dies zeigt sich in den Selbstbeschuldigungen des Opfers: »Wie konnte mir das nur passieren?« »Ich bin schuld! Ich hab ja mitgemacht.«

Die Frage: »Wie konnte mir das nur passieren?« bringt jeden Getäuschten wieder in Schwung. Den eigenen Selbstschutz wiederfinden und stärken ist daher ein heilsames Hauptthema von Opfern. Dazu gehört, den Schutz und die Hilfe anderer einzufordern, um eine Wiederholung des traumatischen Geschehens auszuschließen. Beides – innerer und äußerer Schutz – ist gleichermaßen notwendig.

In Hinblick auf Liebe bedeutet innerer Schutz, unseren Kindern klar unterscheiden zu helfen, was Liebe ist und was nicht. Sie entwickeln auf diese Weise ein Gespür für liebevolles Verhalten. Sie bleiben wachsam gegenüber Verhaltensweisen, die sich nicht gut anfühlen. Sie lassen sich nicht erpressen und auch nicht locken.

Äußerer Schutz bedeutet, dass Mütter und Väter ihre Liebe ihren Kindern ebenso selbstverständlich zur Verfügung stellen wie Nahrung, Kleidung und alle für das körperliche Überleben notwendigen Dinge. Umhüllt vom Mantel echter Liebe sind Kinder nicht angewiesen auf die getarnte Liebe oder vermeintliche Anerkennung anderer Leute. Es macht ihnen nichts aus, wenn ein Fremder abfällig bemerkt: »Du bist aber nicht nett« oder »Mädchen führen sich nicht so auf« oder »Was bist du nur für ein Angsthase«.

Unterscheiden lernen, was Liebe ist und was sie nicht ist.

Wir geben unseren Kindern auch bedingungslose Zuwendung und Anerkennung, indem wir ihr Nein, ihre Gegenwehr und ihren Selbstschutz stärken. »Toll, wie (klar, deutlich oder laut) du Nein sagen kannst.« »Ich finde es klasse, dass du deine Meinung sagst (oder mir von deiner Wut oder deiner Angst erzählst).«

Durch das Täuschungsmanöver der Kopplung von Zuwendung und sexueller Annäherung bis hin zum Missbrauch werden Kinder von Tätern sogar dazu gebraucht, den Missbrauch als scheinbare Liebeshandlung zu dulden. Die Lüge wird in dem Augenblick offensichtlich, wenn das Kind versucht, sich zu wehren oder zu entziehen. Dann schlägt ihm offene Feindseligkeit und Ablehnung entgegen und es wird mit Drohungen, Gewalt und Schuldzuweisungen eingeschüchtert.

Kinder lernen, dass es keine Liebe ist, wenn

- **jemand ihr Nein und ihren (Wider-)Willen nicht akzeptiert.**
- **jemand ihre Wünsche und Bedürfnisse ignoriert.**
- **jemand sie nur lieb hat, wenn sie tun, was er verlangt.**
- **jemand sie verwirrt, wenn er von Liebe spricht.**
- **jemand sie nur wertschätzt, wenn sie ihm gefallen.**
- **jemand ihnen Liebe verspricht, wenn sie etwas dafür tun.**
- **jemand ihnen Versprechungen macht, wenn sie etwas für ihn tun.**
- **jemand sie abwertet, wenn sie ihm etwas verweigern.**
- **jemand ihre Wut und ihre Angst ignoriert.**
- **jemand ihre Liebe oder ihr Vertrauen benutzt, um es herumzukriegen (»Du hast mich doch lieb! Also kannst du das doch für mich tun!«).**

Mit wem muss ich kuscheln?

Zum Drüberreden, Überlegen, Ausprobieren und Üben

- Ich bestimme, wer mit mir kuscheln darf.
- Jeder bestimmt selbst, mit wem und wann er kuscheln möchte.
- Beide müssen es wollen.
- Wie geht es dir, wenn der andere dich erpresst?
- Wir machen nichts, was uns schlechte Gefühle macht (siehe auch »Bauchkribbeln ist gut« S. 77).

Wut ist unser Beschützer

Unsere Schutzkraft
richtig nutzen

Aus dem Leben mit ihren Kindern wissen Mütter und Väter, dass kleine Menschen bereits mit einem gut funktionierenden Überlebenspaket ausgestattet sind. Dazu gehört auch die Fähigkeit, wütend zu werden. Wer sich bedroht und angegriffen fühlt, wehrt sich seiner Haut. Ebenso wird er wütend, wenn das Verhalten oder die Handlung eines anderen gegen seinen Willen, seine Bedürfnisse, seine Gefühle, seine Lebenseinstellung, seine Werte, seine Rechte und seine Freiheit gerichtet sind. Alles, was uns in diesem Sinne schadet, ruft gesunde Wut hervor.

Wut ist deshalb gesund, weil sie den Selbstschutz in Gang setzt und uns kampf- und abwehrbereit macht. Mit Wut grenzen wir uns gegen Übergriffe ab. Wir setzen uns zur Wehr, indem wir uns selbst behaupten und gegen den anderen durchsetzen wollen, sofern er uns Unrecht tun will. Wut macht daher sehr lebendig.

Menschen, die ihre Wut nicht mehr spüren oder ausdrücken können, versteinern. Häufig richtet sich die Wut dann gegen den Betreffenden selbst. Bei nach innen gerichteter Wut entwickelt sich aus den damit verbundenen Gefühlen der Ohnmacht und Hilflosigkeit eine Depression.

Es steht daher alles zum Besten, wenn Kinder ihre natürliche Wut spontan zeigen können. Doch für diejenigen, gegen die sich die Wut richtet oder die den Vulkanausbruch abbekommen, ist es oft nicht ganz einfach, damit umzugehen. Denn Wut löst beim anderen ebenfalls heftige Gefühle aus – Angst, Fluchtgedanken oder ebenfalls Wut.

Deshalb ist der Umgang mit Wut für jeden Erwachsenen ebenso wichtig wie der Umgang mit der Wut unserer Kinder. Zunächst einmal sollten Sie Wut begrüßen wie jedes Gefühl. Es ist ein Ausdruck Ihres Lebendigseins. Was wäre eine Löwenmutter, die nicht brüllen kann? Wut ist unser Freund. Wut ist hilfreich. Wut gibt Kraft. Wut macht mutig. Sie gibt uns den Mut, für uns einzustehen.

Sie können mit Wut kreativ umgehen. Dann arbeitet Wut für das Leben. Wenn man mit Wut destruktiv umgeht, richtet sie sich gegen das Leben. Beim Umgang mit Gefühlen geht es immer darum, in welche Bahnen sie gelenkt werden. Darum geht es letztlich auch in der »Erziehung«, die eine Lenkung des Potenzials des Kindes sein sollte.

Mütter und Väter sollten ihre Kinder an der Hand führen und ihnen durch ihr eigenes Vorbild eine Orientierungshilfe geben, um ihre Fähigkeiten, Gefühle und Kräfte lebenserhaltend und kreativ zu nutzen. Wenn die Familie das ist, was sie sein sollte, nämlich ein lebendiges System, das seine jüngsten Mitglieder schützend und behütend umfängt, würde die Wut darin ebenso Platz finden wie Freude und Glück, Angst oder Trauer.

Gesunde Wut ist wie ein reinigendes Gewitter.

Jeder Mensch kann lernen, mit Wut so umzugehen, dass sie keinem anderen schadet, ohne sie unterdrücken oder verdrängen zu müssen. Wut kann wie ein reinigendes Gewitter wirken. Wenn sich Wut nicht in einem kurzfristigen Ausbruch Luft verschaffen darf, wird sie zerstörerisch. Dann richtet sie sich entweder gegen sich selbst oder gegen andere.

Bei einem Donnerschlag zucken wir vielleicht vor Schreck zusammen, aber wir würden deshalb nicht panikartig davonlaufen. Ein gesunder, selbstbewusster Erwachsener kann die Wut eines Kindes durchaus akzeptieren – als einen Ausdruck seines Selbstschutzes.

Die Handlung, die mit dem Gefühl der Wut einhergeht, ist die Aggression. Ursprünglich leitet sich das Wort von dem lateinischen »aggredi« ab, das »auf etwas oder jemanden zugehen« bedeutet. Aggression wäre an sich die Fähigkeit des Menschen, Lebensaufgaben anzupacken und Probleme und Schwierigkeiten zu meistern. Welche Aufgaben das sind, die wir so kraftvoll angehen, liegt in unserer eigenen Verantwortung.

In autoritären Erziehungsmodellen wird die Wut von Kindern entweder durch Drohungen oder Gewalt oder durch Ablehnung und Strafen unterdrückt. Bisher durften vor allem Mädchen nicht wütend, aggressiv und laut werden. Jungen wurde zumindest Wut gegen Schwächere zugestanden.

Mädchen verinnerlichen, dass ihre weibliche Rolle die Unterdrückung von Wut und Aggression verlangt, um anerkannt zu werden. Jungen übernehmen nach wie vor den Part der destruktiv umgesetzten Wut in zerstörerische Aggressivität. Bei weitem die meisten Gewalttaten innerhalb und außerhalb der Familie werden von Männern verübt. Bei Sexualdelikten stellen männliche Jugendliche den größten Anteil der Tatverdächtigen dar (laut BKA-Statistik). Ein großer Teil der Täter beginnt bereits im Kindes- und Jugendalter mit sexuellen Übergriffen.

Immer noch herrscht der Irrglaube vor, die gewalttätige Form der Aggression sei »männlich« und biologisch vorbestimmt. Beobachtungen scheinen zu bestätigen, dass Jungen ein anderes Spielverhalten als Mädchen zeigen, was aber die meisten Mütter und Väter von Töchtern in Abrede stellen würden. Sie wissen, dass Mädchen, die noch nicht in ein Rollenkorsett gezwängt wurden, einen ebenso stark entwickelten Bewegungsdrang haben und den Jungen in ihrer motorischen Entwicklung lange sogar voraus sind.

In den ersten Lebensjahren ähneln sich die psychologischen Profile von Jungen und Mädchen. Sie sind genauso emotional und brauchen genauso viel Zuwendung und körperliche Nähe. Kleine Jungen scheinen sogar noch etwas anhänglicher und empfindlicher zu reagieren, sie sind schneller frustriert und weinen leichter als gleichaltrige Mädchen. Bis ins Kindergartenalter dürfen Jungen ihre Gefühle ebenso ausdrücken wie Mädchen.

Auch ihre Wut, mit der sie ihre Welt – ihren Raum – in Besitz nehmen. Wenn sie nicht Nein sagen, nicht wütend werden, können sie ihn nicht erobern. Den Eigenraum einnehmen bedeutet, fest im eigenen Leben zu stehen. »Ich bin da«, ohne Wenn und Aber. Es gibt mich und das macht einen Unterschied für die Welt.

Im Vorschulalter ändert sich die Haltung der Erwachsenen Jungen und Mädchen gegenüber. Die Männlichkeitsmythen stülpen sich über die »kleinen Männer«, je deutlicher ihre Geschlechtszugehörigkeit sichtbar wird. Jetzt wird vom Jungen verlangt, sich männlich-rollenkonform zu verhalten. In der Schule beginnen die Hänseleien, wenn ein Junge Gefühle zeigt. Er wird als »Heulsuse« verspottet, wenn er weint oder ängstlich ist, ebenso wenn er nicht in die bereits frauenfeindlichen Sticheleien gegen Mädchen einstimmt.

Die Wut und Aggression von Jungen in Kräfte zu verwandeln, die konstruktiv wirken, ist Aufgabe von Müttern und Vätern. Gleichzeitig liegt es in ihrer Verantwortung, die Gleichgültigkeit gegenüber gewaltätigem Verhalten von Jungen aufzugeben (»Jungs sind nun mal so«, »Er ist eben ein richtiger Junge«). Ebenso gilt es, diese Nachlässigkeit nicht wieder an die Kinder weiterzugeben und sie daher zur Rede zu stellen, wenn ihre Aggression anderen Schaden zufügt.

Für Mädchen (und ihre Mütter) ist es wichtig, Wut als Kraft kennen zu lernen und so einzusetzen, dass sie ihren Eigenraum einnehmen und sich aus ihrer ohnmächtigen Haltung oder Situation befreien können. Mädchen lernen, dass ihre gesunde Wut

- **ihr Freund ist,**
- **sie beschützt,**
- **ihnen enorme Kräfte verleiht,**
- **ihnen hilft, sich durchzusetzen,**
- **ihnen hilft, sich gegen andere zu wehren,**
- **ihnen hilft, sich aus einer unangenehmen Situation zu befreien,**
- **ihnen hilft, laut und deutlich Nein zu sagen,**
- **sie zu starken Mädchen macht,**
- **ihnen hilft, selbst zu bestimmen,**
- **sie mutig macht.**

Für Jungen (und ihre Väter) ist es wichtig, Wut als Kraft zu erkennen, mit der sie ihren Eigenraum vor Übergriffen schützen und ihre Aggression für sinnvolle, konstruktive Aufgaben einsetzen können. Jungen lernen, dass ihre Wut

- sie schützt,
- ihnen hilft, sich zu wehren,
- ihnen hilft, sich zu behaupten,
- ihnen hilft, selbst zu bestimmen,
- ihnen hilft, sich aus einer unangenehmen Situation zu befreien,
- sie zu starken Jungen macht,
- sie zu starken Helfern macht,
- sie mutig macht,
- anderen verbal, nicht gewalttätig mitgeteilt wird.

Im Kindersicherheitsseminar lernen Kinder, dass Kommunikation von entscheidender Bedeutung für ihr Leben und den Umgang mit ihren Bedürfnissen und denen anderer Menschen ist:

- **Reden ist unsere stärkste Waffe.**

Selbst wenn Wut aufkommt und der andere aggressiv ist, bleibt zunächst die verbale Auseinandersetzung das erste Mittel der Wahl. Ein Kampf sollte vermieden werden, wo immer es geht.

Angriff ist nicht unbedingt die beste Verteidigung – und schon gar nicht für Kinder. Angriff provoziert auch die volle Gegenwehr. Wenn kämpfen unvermeidlich ist, sollte der Verlauf des Kampfes immer mit dem Ziel, ihn zu beenden, geführt werden.

▨   **Im Rollenspiel wird Fabian von einem Betrunkenen angepöbelt. Der Mann schwankt bedenklich. »Hey, komm mal her«, lallt er und stellt sich ihm in den Weg. Fabian nimmt den festen Stand ein, macht die Stopp-Geste und sagt: »Lassen Sie mich vorbei!« Der Betrunkene denkt nicht daran. Fabian nimmt den zweiten Anlauf und ruft noch lauter: »Lassen Sie mich vorbei!« Beim dritten Mal fordert er den Mann auf: »Ich sage es zum letzten Mal: Lassen Sie mich vorbei!« Der Betrunkene quatscht weiter auf ihn ein. Wie soll Fabian sich nun verhalten? Sollte er den Mann etwa ins Schienbein treten?**

Fabian erfährt, dass der Betrunkene so wackelig auf den Beinen ist, dass er vor ihm weglaufen kann. Rennen kann der Mann sicher nicht mehr, also wird Fabian auf jeden Fall schneller laufen können als er.

Kinder lernen, sich mit Worten zu wehren und einen anderen Menschen grundsätzlich in Frieden zu lassen, solange der Angriff nicht unmittelbar bevorsteht oder keine andere Flucht- und Hilfemöglichkeit vorhanden ist:

● **Lassen uns die anderen zufrieden, lassen wir sie auch zufrieden.**

Aufmerksamkeit und Achtsamkeit

Gut für sich und andere sorgen

Aufmerksamkeit entsteht aus der Wahrnehmung der eigenen Gefühle und Bedürfnisse, dem gesunden Selbstbewusstsein, diese Gefühle und Bedürfnisse haben und befriedigen zu dürfen, und dem Wissen um die Fähigkeit, gut für sich sorgen zu können. Mit zunehmendem Alter entwickeln Kinder ihr »Sozialverhalten«. Sie lernen, wie sie ihre eigenen Gefühle und Bedürfnisse mitteilen und bei anderen deren Gefühle und Bedürfnisse respektieren. Dieses Verhalten kann man als »Achtsamkeit« gegenüber seinen Mitmenschen bezeichnen.

Beides – Aufmerksamkeit und Achtsamkeit – führt dazu, gut für sich und andere zu sorgen. Kinder lernen, sich selbst ernst zu nehmen, aber auch die anderen. Kinder lernen, Verantwortung für sich und andere zu übernehmen. Kinder lernen, für sich einzustehen, aber auch für andere. Aufmerksamkeit führt dazu zu spüren, wann wir Hilfe brauchen. Achtsamkeit lässt uns erkennen, wann oder wie wir anderen helfen sollten.

● **Nur wenn wir reden, können andere uns helfen.**

● **Nur wenn wir reden, erfahren wir, was mit jemand anderem los ist.**

Reden ist eine Form, etwas offen zu machen oder es aufzudecken. Reden macht andere auf ein Problem aufmerksam. Wir machen auf uns aufmerksam. Indem andere uns dabei zuhören, schenken sie uns wiederum ihre Achtsamkeit.

> ■ **Benedikt wird im Schulhof von drei älteren Mitschülern erpresst. Er soll ihnen am nächsten Tag fünf Euro von seinem Taschengeld mitbringen, sonst wird er Prügel beziehen. Benedikt war schon im Kindersicherheitskurs. Die Pausenaufsicht ist nicht zu sehen, also geht er ins Lehrerzimmer. Die Lehrerin, die er dort antrifft, will ihn wegschicken: »Jetzt ist Pause, Benedikt. Ich habe keine Zeit.« Benedikt lässt sich nicht abwimmeln. »Bitte helfen Sie mir! Ich habe Angst. Drei Jungs wollen mich morgen verprügeln, wenn ich denen nicht fünf Euro mitbringe!« Die Lehrerin wird nun sicherlich auf ihn aufmerksam.**

Kinder lernen:

● **Schlechte Geheimnisse machen wir kaputt, indem wir darüber reden.**

Die Sache mit den Geheimnissen ist auch für Mütter und Väter etwas heikel. Viele sind hinsichtlich mancher Probleme unsicher, worüber sie selbst reden dürfen und vor allem, ob und wie sie mit ihren Kindern darüber reden können. Aber es ist absolut notwendig, Kindern Informationen über die Realität zu geben, um sie nicht im Dunkeln tappen zu lassen und zu verunsichern.

Gemeinsam sind wir stark

Zum Drüberreden, Überlegen, Ausprobieren und Üben

- Was kann Lotte machen, um Justus zu helfen?
- Andere Mütter oder Erwachsene auf dem Spielplatz ansprechen, die anderen Kinder mobilisieren.
- Mit welchen Sätzen holt sie die anderen Erwachsenen zu Hilfe?
- Lotte sagt: »Bitte helfen Sie mir. Ich habe Angst. Der Mann dort will das Kind mitnehmen. Sie müssen uns sofort helfen.«

Kindersicherheit beginnt nicht erst im Kurs, sondern zu Hause. Kindersicherheit gewährleistet auch nicht der einmalige Kursbesuch, sondern die Wiederholung – auch zu Hause.

Manche Statistiken erwähnen, dass Ehepaare durchschnittlich weniger als fünf Minuten lang pro Tag wirklich miteinander reden. Das gemeinsame Gespräch wird immer wieder als das Allheilmittel für Beziehungen zitiert. Doch warum findet es dennoch bei den meisten Menschen, die in einer engen Beziehung zueinander stehen, so selten statt?

Im Grunde genommen kann jeder normale Mensch auch normal mit anderen reden. Woran es oft fehlt, ist die Fähigkeit, aufmerksam und achtsam gegenüber sich selbst und anderen zu sein. Solange diese Voraussetzung nicht erfüllt ist, fehlt die Grundlage für Kommunikation. Jedes Kommunikationstraining ist vergeblich, wenn diese Basis fehlt. Diese Fähigkeiten werden jedoch in einer Gesellschaft, in der viele Männer lernen, weibliche Fähigkeiten abzulehnen, und viele Frauen erfahren müssen, dass ihre weiblichen Fähigkeiten abgewertet werden, sehr früh blockiert.

Frauen verlieren ihre Aufmerksamkeit, weil sie sich nicht trauen, genau hinzuschauen oder zu spüren, was los ist, wenn sie ein Problem wahrnehmen. Sie trauen ihrer Wahrnehmung nicht mehr ganz. Sie können nicht mehr zu ihren Empfindungen stehen, weil sie daran zweifeln. Sie haben nicht den Mut, mit ihrem Partner über ihr Problem zu reden.

Männer verlieren ihre Aufmerksamkeit, weil sie Probleme nicht wahrnehmen wollen. Probleme machen unangenehme Gefühle, die verdrängt werden müssen. Viele Männer stecken lieber den Kopf in den Sand. Wie sollten sie da reden können?

Hingegen tun Kinder nichts lieber, als ständig unsere Aufmerksamkeit zu erregen und über tausend Fragen gleichzeitig mit uns zu reden. Sie haben noch kein Problem damit. Deshalb schalten wir bei ihrem Wortschwall manchmal auf Durchzug. Wenn Kinder unsere Hilfe brauchen, können sie unsere Aufmerksamkeit auf sich lenken, wenn sie lernen

- **ernsthaft zu reden.**

Benedikt sagt also zu seiner Mutter oder seinem Vater: »Mama (Papa), hör mir mal zu. Ich möchte dir etwas erzählen.«

Da Kinder auch unsere besten Lehrmeister sind: Reden wir mit ihnen! Keine Sorge, Sie müssen nicht stundenlang über ein Thema reden oder fit in den kompliziertesten Fragen werden. Meist sind Kinder schnell mit einer kurzen Erklärung zufrieden. Aber es kann sein, dass Sie Ihre Antworten öfter wiederholen müssen, so lange, bis eben alles klar ist. Wichtig ist, Sie schenken der Sache Ihre Aufmerksamkeit. Und wenn sie ernsthaft mit uns reden wollen, versprechen wir ihnen, dass wir ihnen wirklich zuhören. Die Haltung »Wir haben das Problem verstanden und wir beschäftigen uns damit« ist oft wichtiger, als für alles gleich eine Lösung parat zu haben. Kinder können damit leben – wie wir auch –, dass der Ausgang einer Sache noch offen ist.

Es gibt aber auch Fragen und Probleme, bei denen unsere Kinder absolute Klarheit und Orientierung von ihren Müttern und Vätern brauchen. Manchmal ist es erforderlich, dass wir eindeutig Stellung beziehen. Das ist besonders dann der Fall, wenn unsere Kinder Schutz brauchen.

Diese Regeln sollten auch für alle anderen Kinderbetreuer gelten.

Als Mütter und Väter sollten wir die Aufmerksamkeitsregeln einhalten, dass unsere Kinder von ihrer Mutter und ihrem Vater wissen, dass

- **sie ihr/ihm absolut vertrauen können,**
- **sie uneingeschränkt von ihr/ihm beschützt werden,**
- **sie mit ihr/ihm über alles reden dürfen,**
- **sie/er keine Geheimnisse vor ihnen hat,**
- **sie/er Kindersicherheit wie im Seminar auch zu Hause mit ihnen übt,**
- **sie/er für ihre Begleitung auf dem Schulweg und anderen Wegen sorgt,**
- **sie/er sie pünktlich und zuverlässig von der Schule und anderen Aktivitäten abholt und sie deshalb auf jeden Fall warten sollen,**
- **sie/er klar mit ihnen abspricht, wer sie wann und wo abholen darf,**
- **sie/er sie altersgemäß über Gefährdungen aufklärt,**
- **sie/er sie über ihre Rechte und Möglichkeiten, Hilfe zu holen, informiert.**

Werte

Eine klare Orientierung für Kinder – und Erwachsene

Werte machen das Leben lebenswert und geben Kindern – und Erwachsenen – eine klare Orientierung. Dabei sind die Werte gemeint, die für das menschliche Zusammenleben nötig wären, damit alle zufrieden sind. Um glücklich miteinander zu leben, brauchen wir keine vollen Schatztruhen und auch keine hoch gesteckten Ideale. Es genügt, mit beiden Beinen auf der Erde zu stehen und aus einem gesunden Selbstwert und Instinkt heraus einfühlsam mit anderen umzugehen.

Erziehung ist im besten Fall die Lebensschule für unsere Kinder. Alles, was ihre Mütter und Väter ihnen mit auf den Weg geben, ist ihr Handwerkszeug, um ihr eigenes Lebensnetz zu spinnen. Dabei brauchen sie achtsame Führung, Orientierung und Schutz. Die Orientierung bekommen Kinder durch folgende Fähigkeiten und Werte, die sie sich bei ihren Müttern und Vätern und anderen Vertrauenspersonen abschauen:

- Eine gute Verankerung in der Realität (Sie verhindert, dass sich Kinder später einmal Illusionen machen, die mit Täuschungen und Enttäuschungen verbunden sind.)
- Ein gesunder Selbstwert (Er verhilft Kindern dazu, ihr Wesen, ihre Fähigkeiten und ihre Bedürfnisse einschätzen und sie dann später als Erwachsener eigenverantwortlich befriedigen zu können.)
- Ein gesunder Schutzinstinkt (Er ist für Kinder überlebensnotwendig und schützt sie vor körperlichen und psychischen Verletzungen.)
- Aufmerksamkeit und Achtsamkeit (Sie bilden die Grundlage für Einfühlungsvermögen und sind die Voraussetzung, um Liebe und echte Beziehungen zu entwickeln.)

Wer gut in der Realität verankert ist, verspricht sich und anderen nichts, was nicht haltbar ist.

Wer einen gesunden Selbstwert besitzt, braucht andere nicht manipulieren, belügen oder missbrauchen.

Wer einen gesunden Instinkt hat, hört auf sein inneres Alarmsystem und vermeidet Gefahren, die ihm körperlich, emotional oder seelisch schaden könnten.

Wer Aufmerksamkeit und Achtsamkeit besitzt, kann sich einfühlen und einen anderen Menschen verstehen, ihn respektieren und liebevoll mit ihm umgehen.

Mütter und Väter, die gut in der Realität verankert sind, erklären ihren Kindern ihr Leben und ihre Chancen und Grenzen so, wie sie sind. Sie machen sich und ihren Kindern nichts vor. Sie versprechen nichts, was sie nicht halten können. Sie sind zuverlässig und vertrauenswürdig.

Mütter und Väter, die einen gesunden Selbstwert besitzen, zeigen sich ihren Kindern offen und ehrlich. Sie täuschen, manipulieren, belügen oder missbrauchen sie nicht. Sie reden mit ihren Kindern und haben keine Geheimnisse. Sie sind stolz auf ihre Kinder und deren Schönheit und Talent. Sie fördern und ermutigen sie, selbst stark und selbstbewusst zu werden.

Mütter und Väter, die einen gesunden Instinkt besitzen, spüren genau, was ihre Kinder brauchen und wovor sie geschützt werden müssen. Sie wissen mit absoluter innerer Sicherheit, was für sie richtig ist, ohne eigenmächtig über sie zu bestimmen. Sie sorgen selbstverständlich für ihr körperliches und seelisches Wohl. Sie sind intuitiv mit ihren Kindern verbunden.

Mütter und Väter, die Aufmerksamkeit und Achtsamkeit besitzen, gehen mit ihren Kindern einfühlsam, offen und neugierig um. Sie sind daran interessiert, wie sie denken, fühlen und welche Wesensart sie haben. Sie nehmen Rücksicht auf und haben Verständnis für ihre Wünsche und Bedürfnisse, Ideen und Meinungen. Sie sind voll Verantwortungsgefühl und stehen zu hundert Prozent hinter ihren Kindern. Sie lieben ihre Kinder von ganzem Herzen und zeigen ihre Liebe in Form von Zärtlichkeit, Respekt, Fürsorge, Schutz und Achtsamkeit.

Kinder, die in einer Atmosphäre mit nestrelevantem Verhalten ihrer Mütter und Väter aufwachsen, werden

- klar, vorausblickend und lebenstüchtig,
- stark, selbstbewusst, mutig und eigenverantwortlich,
- selbstvertrauend, vertrauenswürdig und schützend,
- kommunikationsfähig, verständnisvoll und rücksichtsvoll,
- liebevoll und liebesfähig.

Wie reich ist ein Mensch, der sein Leben an diesen Werten ausrichten und von ihnen profitieren kann! Wie würde sich die Welt verändern, wären die Menschen, die ihr Leben in ihr gestalten, mit diesen Werten ausgestattet!

Teil 3

Prävention gegen Gewalt und Missbrauch

Kindesmissbrauch

Sexualität als Mittel von Macht- und Gewaltausübung

■ Die achtjährige Nelly schaut gerade ihre Lieblingsserie, als ihr Vater nach Hause kommt. Heute ist er früher dran, weil ihre Mutter mit ihrer Freundin ins Kino gehen will. Nelly begrüßt ihren Vater kurz.

Ihr Vater freut sich, dass sie beide mal einen Abend für sich haben. Mal sehen, was Mama in der Küche zum Abendessen vorbereitet hat. Nelly soll schon mal den Tisch decken, was sie murrend tut, denn eigentlich will sie lieber noch fernsehen. Der Vater zündet Kerzen an – zur »Feier des Tages«.

Nelly kommt widerwillig zu Tisch. Sie wird das Ende verpassen! Deshalb schlingt sie ihr Essen in sich hinein und stürzt ein großes Glas Cola hinunter, das ihr Vater ihr erlaubt hat. Mama hätte was dagegen, weil Nelly von Cola Bauchschmerzen bekommt und schlecht einschlafen kann.

Kurz darauf tut Nellys Bauch tatsächlich weh. Ein Grund, sich schnell wieder vor den Fernseher aufs Sofa zu legen. Ihr Vater ist besorgt. Hoffentlich ist es nicht der Blinddarm. Er wird Nellys Bauch mal abtasten. Deshalb zieht er ihr die Jeans aus. Der Slip stört auch noch. Nelly nervt das. Mama macht auch nicht so ein Theater um ihr Bauchweh. Das vergeht immer gleich wieder.

Nellys Vater lässt sich nicht abhalten. Er tastet weiter ihren Bauch ab. Der Blinddarm kann es nicht sein. Wahrscheinlich hat Nelly Blähungen. Nelly rückt von ihm ab. Sie will wieder ungestört sein. Ihr Vater streichelt weiter über ihren Bauch. Er wird sie ein wenig massieren. Dann wird es gleich besser. Sie soll aber nichts der Mama davon erzählen. Wegen der vielen Cola.

Der Vater streichelt mehr, als er massiert. Seine Hände gleiten erst nur über Nellys Bauch, dann über ihre Beine und andere Körperteile. Nelly hat das Gefühl, dass etwas nicht stimmt. Sie versucht, seine Hand von sich zu schieben, ist aber verunsichert. Ihr Vater meint es doch sicher nur gut … Aber sie findet es doof, dass er sie so anfasst und irgendwie ist er so komisch dabei. Nelly will nicht mehr, aber sie weiß nicht, wie sie sich wehren soll.

Was Nelly erlebt, passiert jedem achten Kind von zwölf Millionen Kindern unter vierzehn Jahren in Deutschland.[16] Das sind zwischen einer halben und einer Million Kinder, die strafrechtlich eindeutig sexuell missbraucht werden. Hinzu kommen exhibitionistische Akte (die »Pimmelzeiger«), die ebenfalls ein Strafdelikt sind. Insgesamt werden zwischen einer bis zwei Millionen Kinder und Jugendliche Opfer eines sexuellen Übergriffs.

Zu über 50 Prozent sind die Opfer sexueller Gewalt Mädchen. Die Hälfte der Kinder unter vierzehn Jahren ist bei Beginn des sexuellen Missbrauchs sechs Jahre alt und jünger. In erschreckend hohem Ausmaß sind bereits Säuglinge bis Fünfjährige betroffen.

Die Dunkelziffer bei Sexualstraftaten an Kindern bewegt sich zwischen 50.000 und 300.000 Fällen im Jahr. Mit rund 30 Prozent ist sexueller Missbrauch das häufigste Sexualdelikt.

Höchstens 10.000 Fälle von sexueller Gewalt werden angezeigt. Zu einem Gerichtsverfahren kommt es nur ihn jedem fünften Fall. Die meisten Anklagen enden mit Freispruch.

Die Täter sind bei den bekannten Fällen zu 99,6 Prozent Männer. Dabei werden etwa ein Drittel aller Delikte von jugendlichen Tätern begangen. Pädokriminelle Täter kommen fast ausschließlich aus dem sozialen Nahbereich des Kindes. Sie sind zu 25 Prozent Väter, Stiefväter oder Freunde der Mutter, zu 1,4 Prozent enge Verwandte wie Onkel, Opa, Schwager, zu 34,1 Prozent nähere Bekannte und/oder Erzieher, zu 23,1 Prozent Nachbarn, Bekannte, Ärzte, Pfarrer u.a. und zu 6 Prozent völlig Fremde.

In der Regel führen Täter den sexuellen Missbrauch am Kind bewusst und geplant herbei.

Sexueller Missbrauch besteht aus drei Elementen: Der sexuellen Handlung, einem Abhängigkeitsverhältnis und der Bedürfnisbefriedigung des Mächtigeren als Ziel der Handlung.

Von sexuellem Missbrauch sprechen wir, wenn eine Person ein Kind zwingt oder überredet, sie nackt zu betrachten oder sexuellen Handlungen zuzusehen, es zur eigenen Bedürfnisbefriedigung anfasst oder sich anfassen lässt oder es zu pornographischen Handlungen zwingt oder ihm Pornographie vorführt, den Intimbereich eines Mädchens (Scheide, Po, Brust) oder eines Jungen (Penis, Po) berührt oder sie/ihn zu oralem, vaginalem oder analem Geschlechtsverkehr überredet oder vergewaltigt.

Sexueller Missbrauch durch einen dem Kind bekannten Täter entwickelt sich oft schleichend: Erst sind es zärtliche und angenehme Berührungen, die das Kind genießt. Später gehen diese in fordernde, bedrängende, eindeutig sexuelle Handlungen über, die das Kind nicht einordnen kann und die es verstören.

Häufig spricht das Kind nicht über die verwirrenden Vorfälle, weil es die anfänglichen Zärtlichkeiten vielleicht sogar genossen hat. Es fühlt sich schuldig. Kinder sind jedoch von ihrer kognitiven und emotionalen Entwicklung her nicht in der Lage, sexuellen Beziehungen zu Erwachsenen wissentlich und willentlich zuzustimmen. Die Verantwortung für den Missbrauch hat immer der Erwachsene.

Jedes Kind versucht, sich mit den ihm zur Verfügung stehenden Mitteln gegen sexuellen Missbrauch zu wehren. Es ist vielleicht besonders brav, nimmt den Hund oder die Katze mit ins Bett, geht nur dick bekleidet ins Bett, verbarrikadiert die Zimmertür oder will bei seinen Geschwistern schlafen. Es weigert sich, bestimmte Personen zu besuchen oder wiederzusehen.

Diese Widerstandsformen und stummen Botschaften geben uns Hinweise auf die Not von Jungen und Mädchen. Die Botschaft an uns Erwachsene ist, ihre Hilferufe zu deuten. Dies setzt ein Erkennenwollen voraus und die Bereitschaft, das Verbrechen nicht zu verdrängen, sondern als gesellschaftlichen Missstand zu sehen.

Dazu gehört auch, dass Mütter und Väter in Erwägung ziehen, dass das eigene Kind womöglich Opfer eines Missbrauchs wurde, ohne dass sie es bemerkt haben. Oft wehren sie einen solchen Verdacht ab: »Das hätte ich doch mitbekommen«, »Das hätte mir meine Tochter/mein Sohn doch erzählt«, »In unserer Familie passiert so was Schreckliches nicht«.

Sexuelle Übergriffe werden vom Täter oft im Spiel, bei der Körperpflege oder bei körperlichen Untersuchungen versteckt. Er fädelt solche »Spiele« so raffiniert ein, dass das Kind an der eigenen Wahrnehmung zweifelt und verwirrt ist. Diese Täterstrategie geht sogar so weit, sich auf »Normalität« zu berufen: »Alle Papas machen das.« – »Ein Vater darf das tun.«

Auch fremde pädokriminelle Täter erschleichen sich ganz gezielt das Vertrauen des Kindes, indem sie sich ganz besonders nett um das Kind kümmern und ihm all seine Bedürfnisse und Wünsche erfüllen. Das Kind darf sich benehmen, wie es will, es erhält teure Geschenke und wird verwöhnt. Der sexuelle Missbrauch beginnt manchmal erst Monate nach der ersten Kontaktaufnahme.

Täter aus dem sozialen Nahbereich des Kindes schmeicheln dem Kind häufig dadurch, dass sie es wie einen Erwachsenen behandeln. Es darf rauchen, Alkohol trinken, Drogen konsumieren und wird zum Essen eingeladen. In anderen Fällen werden Kindern Medikamente oder Drogen unbemerkt verabreicht, um sie gefügig zu machen.

Täter wenden unterschiedliche Strategien an.

Täter suggerieren Liebe und Fürsorge, manipulieren die Wahrnehmung des Opfers und stellen sich als Wohltäter dar. Andere Täterstrategien sind die Erzeugung von Mitleid beim Opfer (»Ich tue doch alles für dich, da kannst du das doch auch mal für mich machen, sonst bin ich ganz traurig«) und die Zerstörung der Mutter-Kind-Beziehung, um den Schutz der Mutter auszuhebeln und freien Zugang zum Opfer zu haben.

Sexueller Missbrauch hat jedoch nichts mit einer liebevollen Beziehung, kindgerechtem Spiel oder der Sorge um das Wohl des Kindes zu tun. Vielmehr ist er eine Instrumentalisierung des Kindes zur Machtausübung und Befriedigung der Bedürfnisse des Täters.

In den meisten Fällen findet Kindesmissbrauch über viele Jahre hinweg unbemerkt oder unaufgedeckt statt. Täter wenden auch hier unterschiedliche Strategien an, um sich den Zugang zum Opfer zu sichern. Dazu gehören die Erzeugung von Schuld- und Schamgefühlen beim Opfer.

Wenn der Kindesvater der Täter ist, nutzt er in vielen Fällen seine väterliche Autorität und Bestimmungsmacht aus und wendet subtile oder offene Gewalt an, um das Kind weiter nach Belieben missbrauchen zu können und sich sein Schweigen zu sichern.

Darüber hinaus droht der Täter dem Kind mit Liebesentzug und Ablehnung oder damit, der Mutter etwas zu sagen. Auch die drohende Zerstörung der Familie (»Wenn du was sagst, holt deine Mutter die Polizei und dann musst du ins Heim«, »Wenn ich fort muss, hat die Mama kein Geld mehr und daran bist du schuld«) wird das Geheimhaltungsgebot aufrechterhalten.

Missbrauchende Väter profitieren von der Väteridealisierung und der Spaltung des Mannes in den »bösen Fremden« und den »guten, beschützenden Vater«.[17] Kinder lernen, dem Mann oder Partner der Mutter zu vertrauen, nur weil er ein Mitglied der Familie ist.

Das missbrauchte Kind schweigt aus Angst vor den angedrohten oder befürchteten Folgen, die die Aufdeckung des Geheimnisses nach sich ziehen könnte. Verwirrung, Furcht, Gefühle der Ohnmacht, Scham und Schuld lasten schwer auf ihm. Es ergibt sich scheinbar passiv in sein Schicksal und fügt sich den Wünschen und Forderungen des Täters.

Verletzungen an Körper, Geist und Seele.

Das Schweigen des Kindes ist jedoch kein Zeichen für seine Zustimmung. Sexueller Missbrauch stellt immer eine kognitive und emotionale Überforderung des Kindes dar, ganz abgesehen von den körperlichen Verletzungen, Schmerzen und Schäden, die es dabei erleidet.

Der sexuelle Missbrauch ist eine schwere traumatische Erfahrung für das Kind. Wir sprachen bereits über die posttraumatische Belastungsreaktion in Folge von Gewalt- und Missbrauchserfahrungen. Die Schäden, die Missbrauch hinterlässt, sind langfristig und nur mit kompetenter therapeutischer Unterstützung zu bewältigen.

Missbrauch führt einen Vertrauensverlust in sich und die Welt herbei. Das betroffene Kind erfährt, dass Nähe und Vertrauen bedeutet, missbraucht zu werden. In der Folge misstraut es anderen Menschen, aber auch sich selbst. Es fragt sich, was es getan haben könnte, was an ihm nicht stimmt, und glaubt, so etwas passiere nur ihm allein. Es macht sich auch Vorwürfe, weil es sich nicht effektiv wehren kann. Seine Hilf- und Schutzlosigkeit nimmt ihm sein Selbstvertrauen und seinen Glauben an seine Fähigkeiten und seine Kraft.

Betroffene Kinder erleiden verschiedene Schäden und Verletzungen an Körper, Geist und Seele, die für einen aufmerksamen Erwachsenen auf seine Not hinweisen können. Zu den kognitiven und emotionalen Schäden gehören Zweifel an der eigenen Wahrnehmung, Verwirrung, Schuldgefühle, Gefühle der Beschämung, Ohnmachtsgefühle, diffuse oder konkrete Angst, Vertrauensverlust, Misstrauen in sich selbst, Verlust des Selbstwertgefühls, aggressives, regressives, zwanghaftes oder überangepasstes Verhalten, Identifikation mit dem Täter (um den Missbrauch ertragbar zu machen, wird der Täter geschützt und entschuldigt), Rückzug, Passivität und Sprachlosigkeit, Depression und Dissoziation.

Das menschliche Gehirn verfügt über Überlebensfähigkeiten, um sich vor der Flut überwältigender Informationen und Gefühle zu schützen. In einer bedrohlichen Situation ist das Kind hilflos ausgeliefert und wird von den Eindrücken geradezu überschwemmt. Hier schaltet das Gehirn buchstäblich ab. Bei den verschiedenen Formen der »Dissoziation« tritt das Opfer geistig weg und steht wie ein distanzierter Beobachter neben sich. Es verdrängt das Erlebnis. Im Extremfall spaltet es seine Persönlichkeit in verschiedene »Innenpersonen« auf (multiple Persönlichkeit).

Weitere psycho-soziale Schäden sind Autoaggression wie Nägelkauen, Selbstverstümmelung (sich z.B. mit einem Messer »schnitzen«), Selbsthass, Sucht (Alkohol, Drogen, Medikamente) und Suizidversuche.

Das Sozialverhalten eines missbrauchten Kindes wird nachhaltig beeinträchtigt. Aus Missbrauchserfahrungen resultieren Kontaktstörungen, Beziehungsunfähigkeit, Beziehungssucht, Distanzlosigkeit, Misstrauen, Machtstreben, Verschlossenheit, Isolation, Weglaufen, Schul- und später Arbeitsprobleme, eine extreme Veränderung der Leistungsbereitschaft und Aggressionen. Manche Gewaltopfer werden selbst wieder zu Gewalttätern.

Missbrauchte Kinder zeigen möglicherweise auch Störungen des Sexualverhaltens wie sexualisiertes Verhalten und offene Masturbation. Spätfolgen sind u.a. Prostitution und aggressives, sadomasochistisches, gestörtes oder gehemmtes Sexualverhalten.

Mögliche psychosomatische Beschwerden in Folge sexuellen Missbrauchs sind Schlaf- und Konzentrationsstörungen, Verspannungen, Haltungsschäden, Lähmungen, Hautkrankheiten, Essstörungen, Asthma, Kreislaufbeschwerden, Ohnmachts- und Erstickungsanfälle, Sprachstörungen, Verdauungsstörungen, psychogenes Erbrechen, Einnässen und Einkoten, Schmerzen (Unterleibs-, Bauch-, Kopfschmerzen).

Ebenso sind »somatoforme Störungen« häufige Begleiterscheinungen eines Traumas. Dabei legen die körperlichen Symptome eine körperliche Krankheit nahe, für die keine körperliche Ursache zu finden ist.

Zur Vorbeugung gegen sexuellen Missbrauch im Rahmen einer präventiven Erziehung können Mütter und Vater mit ihren Kindern ungefähr ab dem Grundschulalter einige Verhaltensmöglichkeiten einüben. Wenn Kinder ihre Grenzen setzen und ihr Nein sagen dürfen, haben sie eine Wahl und eine Chance, in einer bedrohlichen Situation zu reagieren.

Die folgenden Fragen, die Sie für Ihr Kind umformulieren können, sind dazu gedacht, das Verhalten des Kindes in schwierigen Situationen wiederholt gemeinsam mit ihm zu besprechen:

- **Was kannst du machen, wenn dich jemand auf eine Art berührt, die dir ein komisches Gefühl macht?**
- **Wie reagierst du, wenn dich jemand auf der Straße anspricht?**
- **Was machst du, wenn jemand mit dir schmusen will, du aber keine Lust hast?**
- **Was kannst du machen, wenn ein älterer Spielkamerad mit dir Sachen machen will, die du nicht richtig findest?**
- **Mit wem kannst du reden, wenn du ein komisches Gefühl bei etwas hattest?**
- **Was kannst du machen, wenn jemand, der dich betreut, dich öfter anfasst, als du magst?**
- **Wie kannst du jemandem zeigen, dass du seine Berührungen nicht magst?**
- **Wem kannst du jedes Geheimnis anvertrauen?**

Die möglichen Antworten des Kindes sollten nicht als »richtig« oder »falsch« bewertet werden. Falls ein Kind bereits einmal in eine Missbrauchssituation geraten ist, macht es sich noch mehr Schuldgefühle und Vorwürfe, wenn man ihm sagt, dass sein Verhalten verkehrt war.

Die Vorbeugung durch die Bearbeitung der Fragen ist zwar keine Garantie für einen Schutz vor Missbrauch, aber Sie geben Ihrem Kind damit ein Verhaltensrepertoire mit auf den Weg. In einer Gefahrensituation ist es dann nicht mehr völlig unvorbereitet.

Das Familiengeheimnis

Warum Mütter schweigen und die Schuld der Täter-Väter tabuisiert wird

Wenn Gewalt oder sexueller Missbrauch an einem Kind aufgedeckt wird, sind Außenstehende oft fassungslos, wie solch entsetzliche Taten unbemerkt bleiben konnten. Warum wurde der Täter weder vom Opfer noch von der Mutter des Opfers oder anderen Vertrauenspersonen enttarnt? Die Geheimhaltung findet in den meisten Fällen von Kindesmissbrauch häufig über einen langen Zeitraum hinweg statt. Im Fachjargon wird dieses Phänomen das »Familiengeheimnis« genannt.

Doch zunächst können wir uns am Beispiel der vorhin geschilderten Missbrauchssituation von Nelly ansehen, wie die Mutter eines Mädchens, das von seinem Vater missbraucht wurde, reagieren sollte.

> **Nellys Mutter tritt ins Wohnzimmer. Nellys Vater nimmt hastig seine Hand von Nellys Körper. Nelly zieht schnell eine Decke über sich. Nellys Mutter blickt ihren Mann fassungslos an. Sie läuft zum Sofa und zerrt ihn hoch: »Nimm sofort deine Finger von meinem Kind!« Nellys Vater verlässt das Zimmer.**
>
> **Nelly erzählt ihrer Mutter von ihrem Bauchweh. Der Vater wollte sie doch nur massieren. Erst war es ja ganz schön, aber dann wurde es richtig doof. Eigentlich wollte sie es auch gar nicht. Der Vater hat so komisch gestöhnt dabei. Das hat ihr richtig Angst gemacht. Es war alles so peinlich. Sie schämt sich jetzt richtig. Die Mutter versichert ihr, dass sie so etwas nie wieder erleben muss. Dafür wird sie sorgen. Nie wieder wird ihr Vater Nelly so anfassen!**
>
> **Die Mutter trennt sich von Nellys Vater. Eine Kinderpsychologin bestätigt den sexuellen Übergriff. Es sei eine typische Annäherungsstrategie des Täters, den Missbrauch als zärtliche oder fürsorgliche Handlung zu tarnen. Damit wollte er bei Nelly ein Gefühl der Normalität des Geschehens herstellen, obwohl es sich da bereits um Grenzüberschreitungen handelte. Nelly kann den Schmerz, den die Tat und die Trennung vom Vater verursacht haben, mithilfe ihrer Mutter und der Therapeutin bewältigen.**

Die geschilderte Situation ist typisch für die sexuelle Annäherung von Tätern an Kinder. Im Fall von Nelly nützte der Täter ihre Sehnsucht nach Zuwendung und Geborgenheit aus, als sie Bauchweh hatte. Nelly duldete die Annäherungen des Vaters und ließ ihn gewähren, obwohl sie sich anfangs noch zur Wehr setzen wollte. Der Täter nützte auch ihre sexuelle Unaufgeklärtheit und ihre natürliche Neugier aus. Er suggerierte ihr Liebe und Fürsorge.

Mit diesen Strategien erreichen Täter schließlich den sexuellen Missbrauch. »Beim Kind entsteht keine große Abwehr. Sobald jedoch ein erstes Mitmachen – und sei es auch nur ein Gewährenlassen – erreicht ist, gibt es kaum noch ein Zurück für ein Kind, und es duldet den Missbrauch resignativ.«[18]

Nelly fertigte eine für sexuell missbrauchte Kinder typische Zeichnung von einem Mann ohne Hände an, ein Zeichen dafür, dass sie die Hände, die sie missbraucht haben, verdrängen möchte.

Nellys Mutter hat auf den Missbrauch reagiert. Sie hat sich vom Täter getrennt und ihn angezeigt. Doch manche Mütter erkennen den Missbrauch an ihren Kindern jahrelang nicht oder schweigen darüber. Doch »erst die Loslösung der Mutter vom Täter gibt den missbrauchten Kindern die Chance, von ihr gehört und beschützt zu werden.«[19]

Dies trägt den Müttern und den Kindern nach der Aufdeckung der Tat oft noch mehr Empörung ein als dem Täter. Jeder möchte von sich selbst lieber glauben, er hätte sich anders verhalten, wenn das in seiner Familie passiert wäre. Aber bei dem Phänomen, warum manche Mütter schweigen, spielen ganz andere Mechanismen eine Rolle. Erst wenn diese verstanden werden, können Mütter ihren eigentlichen Schutzinstinkt für ihre Kinder wieder benutzen.

Warum schweigt eine Mutter? Wie kann sie es ertragen, dass ihrem Kind Schmerzen und Leid zugefügt werden? Viele Mütter von missbrauchten Kindern berichten, sie hätten den Missbrauch lange Zeit nicht bemerkt.

Wenn es dem Täter gelingt, die Vertrauensbeziehung des Kindes zur Mutter, das natürliche Mutter-Kind-Bündnis, zu stören oder zu zerstören, bringt das Kind entweder nicht mehr den Mut auf, sich der Mutter anzuvertrauen, oder auch die Mutter zweifelt an seinen Aussagen und ihren Wahrnehmungen und übergeht die Hinweise des Kindes sogar, weil sie diese nicht richtig deutet. Womöglich fallen der Mutter zwar körperliche Symptome und Verhaltensweisen an ihrem Kind auf, aber sie sieht darüber hinweg. Nun beginnt der Teufelskreis. Die Schutzkraft der Mutter und der Selbstschutz des Kindes funktionieren nicht mehr.

Wenn sich ein Kind mitteilt, verwendet es keine Erwachsenensprache (»Mein Vater hat mich vergewaltigt«). Ein vierjähriger Junge, der immer mit seinem Vater in die Badewanne genommen wurde (Missbrauch getarnt als »fürsorglicher Akt« und Bagatelle), umschrieb eine Ejakulation des Vaters, die er mitangesehen hatte, mit »Papa hat Pipi ins Waschbecken gemacht«. Er erzählte zu diesem Zeitpunkt *Die Sprache eines Kindes richtig verstehen.* nicht, was vorher passiert war, und auch nicht, ob er Angst, Schmerz oder Bedrohung empfunden oder, wenn der Täter ihn nicht mit Gewalt, sondern durch Beschwichtigung oder Bagatellisierung des Missbrauchs manipuliert hatte, ob er sich geekelt, beschmutzt oder benutzt gefühlt oder sich geschämt hat. Übrigens, Missbrauch beginnt bereits bei der Überschreitung der Ekel- oder Schamgrenze.

Für Mütter und andere Erwachsene ist es manchmal nicht leicht, die Hinweise eines Kindes richtig zu verstehen. Die Signale des Kindes wahrzunehmen, ist jedoch die Voraussetzung für die Beendigung des Missbrauchs. Damit es diese Hinweise überhaupt geben kann, muss es ermutigt werden, sich Hilfe zu holen, indem es sich der Mutter oder einer anderen Person seiner Wahl anvertraut. Im Normalfall ist die Mutter diese Vertrauensperson.

Täter zerstören mit ihrem destruktiven Verhalten das höchst sensible Kind-, Mutter- und Vater-Gefüge. Ein Mann, der sein Kind sexuell missbraucht, wird mit allen Mitteln dafür sorgen, dass seine Tat nicht aufgedeckt wird, denn dann droht ihm ein Strafprozess. Er wird also das Kind ebenso zum Schweigen bringen wie die Mutter. Auch sie wird im Extremfall mit Mord bedroht (»Wenn du mich anzeigst, bringe ich dich und die Kinder um«) oder mit gezielten Täuschungsmanövern in ihrer eigenen Wahrnehmung getrübt. In der Realität kann das so ablaufen, dass der Täter sich nach außen als vorbildlicher »Familienvater« tarnt und die Mutter den Signalen des Kindes keinen Glauben schenkt oder das Kind erst gar keine Hilferufe gibt, weil es vom Täter zur Geheimhaltung gezwungen wurde.

Familiengeheimnisse entstehen auch dadurch, dass Frauen in ihrer Rolle gefangen sind. Sie wollen die Familie um jeden Preis erhalten und »den Schein« wahren, sodass sie die Vorstellung nicht ertragen, dass ihr Partner als Kinderschänder entlarvt und ins Gefängnis kommen wird.

In Familien, in denen Missbrauch aufgedeckt wird, gibt es unendlich viel Leid und Scham und daher auch die Tendenz, die Tat und die damit verbundene Schande zu vertuschen. Der soziale und materielle Schaden, den die Familie durch die Aufdeckung der Straftat nimmt, kann Mütter in eine ohnmächtige Zwickmühle bringen. Sie sind in der Rolle verhaftet, ihren Schutz und ihre Sorge auf den Mann zu richten und ihn für die Familie zu erhalten, andererseits möchten sie für ihr Kind einstehen.

»All das wäre für mich kein Grund, mein Kind so zu verraten!«, denken Sie jetzt vielleicht. Sind Sie ganz sicher? Überlegen Sie mit uns einen Moment lang weiter, warum wir alle Gefahr laufen, Signale von Opfern nicht zu erkennen oder den Kopf in den Sand zu stecken, wenn uns etwas auffällt.

Frauen werden nicht selten gerade in der Zeit von Männern verlassen, wenn sie mit ihren Kleinkindern so beschäftigt sind, dass der Partner das Gefühl hat, »zu kurz« zu kommen. Alleinerziehende Mütter messen ihre Chancen auf eine neue Beziehung daran, wie viele Kinder sie mitbringen, wie alt die Kinder sind, wie viel Freiraum für Alleinunternehmungen mit dem neuen Partner ihnen die Kinder lassen und wie viele Spuren die Schwangerschaften angeblich an ihrer körperlichen Attraktivität hinterlassen haben.

Eine Mutter, die von ihrem neuen Lebensgefährten verlassen wurde, stellt sich häufig als Erstes die Frage, ob er nicht geblieben wäre, wenn sie keine Kinder hätte. »Wäre ich ohne die Kinder gut genug für ihn?« Ist dies nicht auch eine potenzielle Form von »Täterschutz« und Verrat der eigenen Kinder?

Wir sollten für das Verhalten von Müttern, das in einem patriarchalen System auf die Befriedigung der Ansprüche des Mannes ausgerichtet ist, Verständnis aufbringen, um Mütter mehr unterstützen und uns mit ihnen solidarisieren zu können. Dies wiederum gibt Müttern die Chance, Verantwortung für ihre

Kinder und sich selbst zu übernehmen, was natürlicherweise zur Folge hat, dass sie die destruktive Beziehung zu einem Täter aufgeben können. Wer erkannt hat, wie Täterschutz funktioniert, kann diesen nicht mehr dulden.

Kinder profitieren unmittelbar von der Stärkung ihrer Mütter. »Wenn das Kind krank ist, heile die Mutter«, lautet ein chinesisches Sprichwort. Darauf kommen wir in dem Kapitel »Stärkung der mütterlichen Schutzkraft und der Mutterrechte« noch zu sprechen.

Die Abkehr vom »Täterschutz« und der Tabuisierung männlicher Schuld bringt uns zurück in die Verantwortung gegenüber unseren Kindern. Erst wenn wir klare Grenzen setzen, sind wir auch bereit, die Not missbrauchter Kinder wahrzunehmen und die notwendigen Schutzmaßnahmen für sie zu ergreifen.

In der präventiven Erziehung bringen wir unseren Kinder bei:

- **Oft ist es schwer, sich alleine zu wehren.**
- **Du darfst auch zu deinem Vater Nein sagen, wenn er Dinge mit dir macht, bei denen du dich schlecht fühlst, oder wenn er dich zu etwas zwingt.**
- **Du hast ein Recht auf Hilfe.**
- **Hole dir Hilfe bei deiner Mutter.**
- **Sei mutig und sprich mit jemandem, dem du vertraust.**
- **Schlechte Geheimnisse machen wir kaputt, indem wir darüber reden.**
- **Gib nicht auf, wenn dir jemand nicht gleich glaubt.**

Signale sehen, Hilferufe hören

Körperliche Symptome, Verhaltensauffälligkeiten und versteckte Hinweise

■ Der fünfjährige Lenard malt plötzlich Bilder, aus denen man auf sexuelle Handlungen schließen könnte. Die Mutter ist beunruhigt. Woher kommt das? Was ist passiert? Auch die Erzieherinnen im Kindergarten sind nervös. Nach ein paar Tagen klärt sich die Sache: Lenard hat beim älteren Bruder seines Freundes ein Buch über sexuelle Aufklärung betrachtet.

In manchen Fällen kommt der Verdacht auf Missbrauch zu schnell und zu Unrecht, in anderen Fällen fällt es Erwachsenen oft sogar bei einem begründeten Verdacht besonders schwer, ihn auch offen auszusprechen und den Täter anzuzeigen.

Doch aufmerksam sein, auf Hinweise achten und lieber einmal zu viel Verdacht schöpfen, als einmal zu wenig, ist für den Schutz unserer Kinder vor sexuellem Missbrauch unerlässlich.

Ein Indiz für Kindesmissbrauch ist ein für das Alter des Kindes unangemessenes Wissen über Sexualbegriffe und Sexualpraktiken. Dies wird auch in seinen Zeichnungen deutlich. Wenn »Doktorspiele« übertrieben sexualisiert, aggressiv und gewalttätig werden, sollten Sie ebenfalls aufmerksam werden. Ein Alarmsignal ist auch, wenn Kinder beim Spielen keine kindlichen Verhaltensweisen zeigen, sondern erwachsenes Sexualverhalten nachahmen (zum Beispiel Oral- oder Analverkehr).

Weniger deutliche Signale sind innerliche und äußerliche Verstörtheit. Oft sind missbrauchte Kinder auch übertrieben angepasst, haben dann aber auch wieder unverständliche Wut- und Aggressionsausbrüche.

Jede achtsame Mutter oder jeder achtsame Vater könnte Signale sehen oder hören, aber oft scheinen sie zu unvorstellbar und werden als Fantasie des Kindes abgetan. Es fällt ihnen auch schwer, sich vorzustellen, dass eben auch der freundliche, sympathische Bekannte ein Sexualstraftäter sein könnte, wie es im folgenden Fall einer jungen Frau geschehen ist:

> ■ **Britta wurde jahrelang von ihrem Klavierlehrer vergewaltigt. Um sie zum Schweigen zu bringen, verprügelte er sie und drohte ihr, sie umzubringen. Aus Todesangst hat Britta ihren Eltern bis heute nichts von dem Missbrauch erzählt und den Täter noch immer nicht angezeigt. Sie erzählt jedoch, sie habe sich mit Händen und Füßen gegen die Klavierstunden gewehrt und sich geweigert, den Lehrer aufzusuchen. Aber ihre Eltern reagierten ihrerseits mit Drohungen auf ihre Abwehr und zwangen sie, zu dem Privatlehrer zu gehen, anstatt ihren Widerwillen ernst zu nehmen und zu respektieren oder nachzuforschen, woher ihre heftigen Gefühle kamen. Irgendwann gab Britta auf. Sie leidet nach mehr als zehn Jahren immer noch unter den Folgen des Missbrauchs, ist medikamentenabhängig und depressiv. Sie fügt sich mit Messern überall am Körper selbst schlimme Verletzungen zu.**
>
> **Brittas Eltern konnten sich nicht vorstellen, dass ein Klavierlehrer zu einer solchen Tat fähig ist. Musiker werden allgemein mit Feinsinnigkeit und Sensibilität in Verbindung gebracht. Brutalität passt da nicht ins Bild. So wurden die Indizien als Trotz oder Widerspenstigkeit des Kindes fehlinterpretiert. Britta hat den Irrtum ihrer Eltern bis heute ihnen gegenüber nicht richtig gestellt, weil sie immer noch Angst hat, der Täter könne seine Drohung wahr machen und sie töten, falls sie ihn enttarnt.**

Die Missbrauchssituation bürdet den Kindern eine Vielzahl von Konflikten auf, die sie letzten Endes verstummen und schweigen lassen.

Doch mit den Möglichkeiten, die ihnen noch bleiben, rufen sie um Hilfe. Sie geben Signale, die auf ihre Not hinweisen – in Form von körperlichen Symptomen, Krankheiten und bestimmten Verhaltensauffälligkeiten, die sich bei den einen sehr plötzlich, bei anderen schleichend vollziehen. Obwohl nicht alle Indizien auf sexuelle Gewalt schließen lassen, sollten Mütter und Väter immer nachforschen, was sich hinter den Symptomen ihres Kindes verbirgt.

In den selteneren Fällen finden sich bei den Opfern eindeutige körperliche Zeichen für sexuellen Missbrauch. Zu diesen körperlichen Indizien gehören Spermaspuren oder Verletzungen (Hämatome, Kratzer, Schürf- und Bisswunden) im Genitalbereich, an der Brust, am Gesäß, Unterleib oder den Oberschenkeln, Blutungen oder Ausfluss im Genital-, Rektal- oder Urethralbereich, Harnwegsentzündungen, ständiges Wundsein, Geschlechtskrankheiten und HIV-Infektionen.

Die psychischen Konflikte und Belastungen können nicht allein ertragen, verarbeitet und gelöst werden. Sie schlagen sich körperlich nieder und zeigen Symptome wie Asthma, Hautkrankheiten, Kopf- oder Bauchschmerzen, psychogenes Erbrechen und Erstickungsängste (nach oraler Vergewaltigung). Unbewusst versucht das Kind, durch die Erkrankung körperliche Nähe zu vermeiden und sich den Täter buchstäblich »vom Leib« zu halten. Später kommt dies auch darin zum Ausdruck, dass das Opfer »hässlich« werden möchte, um den Täter abzustoßen. Daraus können sich Essstörungen entwickeln wie Mager- oder Fettsucht.

Eine schwere und langfristige psychische Schädigung ist die Abspaltung der traumatischen Missbrauchserfahrung. Die missbrauchten Kinder spalten sich von ihrem Körper ab und flüchten in ihren Gedanken und Gefühlen in eine andere Welt, um die sexuelle Gewalt an ihrem Körper nicht erleben und den unerträglichen Schmerz nicht mehr empfinden zu müssen. Später leiden sie an einer multiplen Persönlichkeit, in der sich der/die Betroffene in verschiedene so genannte »Innenpersonen« aufspaltet, die jeweils ein eigenständiges Dasein führen.

Zu den Verhaltensauffälligkeiten gehört sexualisiertes Verhalten. Das Kind wiederholt im Spiel mit anderen Kindern Handlungen, die es beim Missbrauch erlitten hat. Dies kann im Extremfall bis zum sexuellen Missbrauch von jüngeren Kindern führen. Das Kind verhält sich beim Spiel nicht altersgemäß, sondern so, wie es ihm oft jahrelang vorgelebt wurde.

Jüngere Kinder treten oft ungewöhnlich verführerisch und distanzlos gegenüber Erwachsenen auf. Sie setzen sich auch Fremden auf den Schoß und masturbieren fast zwanghaft vor anderen Leuten.

Auch das Gegenteil kann ein Hinweis auf sexuellen Missbrauch sein. Das Kind zieht sich völlig zurück und lehnt plötzlich Berührungen und Körperkontakt ab. Es zuckt zusammen, wenn es angefasst wird, und verkrampft sich, besonders wenn sein Bauch oder seine Beine berührt werden.

Einige Missbrauchsopfer entwickeln einen Waschzwang. Sie versuchen, sich durch ständiges Baden oder Duschen von dem »inneren« und »äußeren« Schmutz zu befreien. Umgekehrt kann es passieren, dass sie sich gar nicht mehr waschen wollen, weil sie ihren Körper ablehnen oder für den Täter unattraktiv machen wollen.

Oft ist das Badezimmer auch der Tatort. Manche Kinder gehen deshalb bekleidet ins Bett. Jüngere Kinder weigern sich plötzlich beim Arztbesuch oder im Schwimmbad, ihre Unterhose auszuziehen, aus Angst, dass man ihnen wieder etwas antun oder »ihr Geheimnis« entdecken könnte.

Angstzustände sind ein deutlicher Hilferuf eines missbrauchten Kindes. Besonders nachts verstärkt sich die Angst und das Kind sucht Schutz vor der Wiederholung des Missbrauchs, indem es ins Bett der Mutter oder eines Geschwisterkindes kommt. Auch andere Ängste, die auf *Versteckte Hilferufe erkennen.* den ersten Blick nicht auf einen Missbrauch deuten, können mit diesem Delikt zusammenhängen, wenn der Täter diese Ängste durch Drohungen ausgelöst hat (zum Beispiel Angst vor Schlangen oder davor, dass einem Haustier etwas zustößt).

Die unverarbeiteten Konflikte und erdrückenden Belastungen kommen in Albträumen zum Ausdruck. Da sich das Kind auch oder in manchen Fällen besonders nachts nicht sicher vor dem Täter fühlt, sind seine Nächte unruhig. Oft leidet es auch unter Einnässen und Einkoten als Versuch der Abwehr des sexuellen Missbrauchs.

In der Folge ist es morgens müde und leidet unter Konzentrationsschwierigkeiten, was wiederum ein Absinken der schulischen Leistungen zur Folge hat. Auch der umgekehrte Fall von übertriebenem schulischem Ehrgeiz kann eine Reaktion auf den Missbrauch sein, um das Gefühl, »schlecht« oder »schmutzig« zu sein, zu kompensieren. Kinder mit dieser Reaktion funktionieren nach außen hin gut, was es besonders schwierig macht, hinter ihrem Verhalten einen Hilfeschrei zu erkennen.

Bei jüngeren Kindern lässt sich als Missbrauchsfolge ein Entwicklungsstillstand oder Rückschritt (Regression) beobachten, weil sie den Schock und die Dauerbelastung nicht verarbeiten können und keine Energie mehr haben.

Die Gefühle der Auswegslosigkeit, Ohnmacht und Hilflosigkeit machen das Kind depressiv. Es leidet unter Stimmungsschwankungen, ist unausgeglichen und weint oft scheinbar grundlos. Bereits im Grundschulalter sind manche Kinder deshalb suizidgefährdet. Jüngere Kinder entwickeln oft starke Trennungs- und Verlustängste und klammern sich an ihre Bezugspersonen. Andere werden aggressiv und tyrannisieren ihre Mitmenschen, um sich abzureagieren.

Selbstschädigendes Verhalten sollte uns immer alarmieren. Durch die Selbstbestrafung versucht das Kind, die eigenen Schuldgefühle abzubauen. Durch Selbstverstümmelung (zum Beispiel »Schnitzen«) versucht es, den eigenen Körper und den Schmerz wieder zu spüren und wieder Kontrolle über sich zu bekommen. Es richtet seinen Hass und seine Wut statt auf den Täter gegen sich selbst.

Ältere Kinder beginnen bereits, sich mit Alkohol, Drogen und Medikamenten zu betäuben, bis sie gefühllos sind. Diese Betäubungsmittel werden ihnen oft bereits vorher von den Tätern vor der Tat gegeben.

Sexueller Missbrauch führt zu einer Isolation der betroffenen Kinder. Sie haben das Gefühl,»anders« als ihre Freunde zu sein. Sie distanzieren und isolieren sich, was wiederum dazu führt, dass sich andere Kinder von ihnen abwenden. Auch von den Geschwistern entfremden sie sich.

In Rollenspielen mit Puppen oder Stofftieren versuchen missbrauchte Kinder, ihre Erlebnisse zu verarbeiten. Sie spielen die Vorfälle nach und wiederholen sie, um sich damit auseinander zu setzen. Auch die sexuelle Misshandlung wird im Spiel dargestellt. Wenn sich bestimmte Spiele ständig wiederholen oder sexuelle Themen beinhalten, kann dies auf das eigene Erleben des Kindes hinweisen.

Darüber hinaus malen Kinder ihre Erlebnisse. Malen ist ein von allen Kindern bevorzugtes Ausdrucksmittel dafür, wie sie ihre Welt erleben und wahrnehmen. Missbrauchte Kinder lassen in ihren Zeichnungen oft die Arme oder Hände des Täters weg oder sie streichen etwas oder das ganze Bild durch, überkritzeln es wieder oder zerreißen es. Auf symbolische Weise wollen sie damit die traumatische Situation ungeschehen machen.

All diese Symptome und Signale sind Indizien und als »stille Hilferufe« zu verstehen: eine Botschaft an Mütter und Väter und alle, die mit Kindern umgehen, verbunden mit dem Appell, ihre Signale zu sehen und Hilferufe zu hören! Das setzt voraus, dass wir Erwachsenen sie auch erkennen und wahrnehmen wollen, was wiederum erfordert, sexuellen Missbrauch als gesellschaftliche Realität zu betrachten.

Als Erwachsener sollte man sich bei einem Verdacht auf Kindesmissbrauch bewusst machen:

- **Welche Gefühle löst die Vorstellung des Kindesmissbrauchs in mir aus?**
- **Bin ich fähig, allein mit dem Problem fertig zu werden?**
- **Was brauche ich dazu?**
- **Brauche ich Hilfe, um mich mit diesem Problem auseinander setzen zu können?**
- **Wem könnte ich meinen Verdacht anvertrauen?**
- **Mit wem könnte ich weitere Schritte überlegen und einleiten?**

Zum »Erkennen-Wollen« gehört auch die Bereitschaft, die Vorstellung zuzulassen, dass das eigene Kind missbraucht worden ist oder wird, ohne dass man es bisher bemerkt hat. Gegen das Unfassbare wehren sich Mütter und Väter oft mit dem Einwand, so etwas Schreckliches hätten sie doch mitbekommen, so etwas Schlimmes passiere doch nicht in ihrem Haus oder so etwas hätte ihr Kind ihnen doch erzählt.

Kinder versuchen immer, sich gegen sexuelle Übergriffe und Missbrauch zu wehren und ihn zu verhindern. Manche machen Andeutungen, die Erwachsene oft nicht sofort verstehen. Solche Sätze lauten vielleicht: »Der Fußballtrainer ist doof«, »Ich will nicht mehr in die Klavierstunde gehen« oder »Ich mag nicht mehr mit Onkel Franziskus spielen«.

Wenn Mütter und Väter wie die Eltern von Britta in dem oben geschilderten

Beispiel darauf abwehrend reagieren und vielleicht antworten: »Werd nicht frech. Der Fußballtrainer ist doch sehr nett«, »Sei froh, dass du Klavier lernen darfst« oder »Onkel Franziskus mag dich aber sehr gern. Stell dich doch nicht so an«, wird das Kind natürlich nicht weitererzählen. Stattdessen fühlt es sich von seinen Vertrauenspersonen verraten, weil sie sich scheinbar mit dem Täter solidarisieren. Das Kind deutet das so, als ob sie mit dem Verhalten des Täters einverstanden wären.

Kinder bekommen eine Chance, ihr Geheimnis offen zu legen und die Tat aufzudecken, wenn sie von ihren Müttern und Vätern durch interessiertes Nachfragen zum Erzählen ermutigt werden. Fragen Sie deshalb weiter:

- **Warum findest du den Fußballtrainer denn doof?**
- **Warum willst du denn nicht mehr in den Klavierunterricht gehen?**
- **Warum magst du denn nicht mehr mit Onkel Franziskus spielen?**

Alle hier geschilderten Signale und Botschaften können ein Indiz für sexuelle Übergriffe oder Missbrauch sein. Es kann aber auch sein, dass ein anderes Problem dahinter steckt. In jedem Fall sollten Sie der Sache auf den Grund gehen und die Möglichkeit eines Missbrauchs in Betracht ziehen.

Erhärtet sich der Verdacht durch die Antworten des Kindes auf die oben erwähnten Nachfragen oder Symptome und Verhaltensauffälligkeiten, die sich häufen oder zunehmend verschlimmern, besteht der erste Schritt der Soforthilfe darin, dem Kind eine Vertrauensbrücke zu bauen.

Geben Sie Ihrem Kind die Sicherheit, dass es Ihnen vertrauen kann und Sie ihm helfen wollen und werden. Lassen Sie ihm offen, wann es bereit ist, Ihre Hilfe anzunehmen. Manche Kinder können sich nicht sofort öffnen. Unterstützung bieten ihnen folgende Verstärkungen:

- Ich verstehe dein Problem und deine Gefühle.
- Ich glaube dir, was du mir erzählst.
- Ich bin bereit, dir zu helfen.
- Du kannst dich auf mich verlassen.
- Ich verstehe, wenn es dir schwer fällt, darüber zu sprechen, was passiert ist.
- Ich verstehe, wenn du nicht jetzt gleich darüber sprechen willst oder kannst.
- Ich weiß, dass du Angst hast.
- Ich weiß, dass du womöglich Angst vor den Drohungen des Täters (Name des Täters einsetzen) hast.
- Ich weiß, dass dir vom Täter (Name des Täters einsetzen) verboten wurde, darüber zu reden, was er getan hat.
- Ich weiß, dass du Angst hast, mir zu sagen, was passiert ist.
- Ich kann mit dir offen über alles reden, was vorgefallen ist.

Im Verdachtsfall fertigen Sie ein schriftliches Protokoll von den Äußerungen, Symptomen, Verhaltensweisen und Veränderungen des Kindes an. Ihre Beobachtungen versehen Sie mit dem entsprechenden Datum. Führen Sie auch Zeugen an, die Ihre Beobachtungen bestätigen können.

Wenn sich der Verdacht auf sexuellen Missbrauch konkretisiert, sollten Sie sich spätestens jetzt Unterstützung von anderen Vertrauenspersonen und Fachleuten Ihres Vertrauens holen. Die Aufdeckung und Anzeige der Tat sollte aus Gründen der Beweissicherung gut vorbereitet werden. Übereiltes Handeln gibt dem potenziellen pädokriminellen Täter womöglich die Chance, Beweise fortzuschaffen (zum Beispiel Kinderpornographie). Der Täter sollte nicht alleine zur Rede gestellt werden.

Die von der derzeitigen Justizministerin Brigitte Zypries (2003) eingebrachte Gesetzesvorlage zur Anzeigepflicht bei Missbrauchsverdacht gegen Kinder wird praktisch durch die gesellschaftlichen Bedingungen ad absurdum geführt und ist laut Meinung von jahrelang mit diesem Thema befassten Fachleuten eher kontraproduktiv.

Beratungsstellen berichten, »in welchen Aktionismus oftmals Menschen verfallen, die einen solchen Verdacht haben, was in schöner Regelmäßigkeit dazu führt, dass der Täter vorzeitig gewarnt wird, eventuelle Beweismittel nicht mehr beschafft und das Verfahren mangels Beweise eingestellt werden muss. Eine Anzeigepflicht wird diese Tendenz noch verstärken. Für die Opfer hat nicht nur diese Tatsache katastrophale Folgen, sondern auch, dass sie unterstützende Personen in das Visier der Strafverfolgungsbehörden geraten. Die missbrauchten Kinder werden nicht nur die ohnehin peinlichen Fragen zum Missbrauch, sondern auch Fragen, die den Verdacht der Mitwisserschaft erhärten könnten, beantworten müssen. In welche Lage werden sie gebracht, wenn sie Menschen, auf deren Unterstützung sie im Prozess der Aufdeckung und im Anschluss daran bei der Verarbeitung des Erlittenen besonders angewiesen sind, ›denunzieren‹ müssen?«[20]

Der Opferverein »Opfer gegen Gewalt e. V.« unterstützt den Slogan der Polizei »Nicht anzeigen schützt nur die Täter«. Doch Mütter, die ihre Kinder vor missbrauchenden und gewalttätigen Vätern schützen wollen, erhalten bei den Behörden oft wenig Unterstützung. Im Gegenteil werden die Aussagen von Frauen und Kindern in der Regel erst einmal in Zweifel gezogen. Woran liegt das? Bei Missbrauch und Gewalt in der Familie gibt es in den meisten Fällen keine Zeugen. Übergriffe und Quälereien finden in der Regel ohne Zeugen statt, denn das ist Täterstrategie.

Im schlimmsten Fall muss man mit einer ernsten Bedrohung von Seiten des potenziellen Täters rechnen, der im Vorfeld vorgebeugt werden muss. Mütter und Kinder müssen erst in Sicherheit vor dem Täter sein. Ihr Schutz muss auch dauerhaft aufrecht zu erhalten sein, bevor weitere Schritte gegen den Straftäter unternommen werden.

Falls Ihr Kind sexuellen Missbrauch erlebt hat, sollten Sie vor allem nicht übereilt handeln, sondern Ihre Vorgehensweise klug planen. Es versteht sich von selbst, dass eine Mutter oder eine Vertrauensperson des Kindes, die entdeckt, dass es missbraucht wird, unverzüglich für seinen Schutz sorgen und alle erforderlichen Maßnahmen einleiten wird.

Kinder, die uns ihre Not mitteilen, bekommen unsere Hilfe, indem wir ihnen sagen:

- **Ich nehme dich ernst.**
- **Du hast keine Schuld, auch wenn du dich nicht wehren konntest.**
- **Dein Körper gehört dir.**
- **Du bestimmst, wer dich anfassen darf.**
- **Niemand darf dich gegen deinen Willen berühren.**
- **Ich werde dir helfen und dich schützen.**

Sexuellen Kindesmissbrauch beenden

Wie Erwachsene Opfer schützen

Aufgrund der von uns bereits beschriebenen Täterstrategien haben Kinder besonders innerhalb der Familie kaum die Möglichkeit, sich gegen sexuellen Missbrauch zu wehren oder ihn zu verhindern. Pädokriminelle Täter haben immer eine Möglichkeit, den Widerstand der Kinder zu brechen oder wirkungslos zu machen.

Kleine Kinder können sich noch nicht alleine helfen und sind besonders darauf angewiesen, dass ihre Vertrauenspersonen ihnen Glauben schenken, wenn sie von Missbrauchserlebnissen berichten, und für ihren Schutz sorgen.

In den überwiegenden Fällen wird das die Mutter sein. Wie Mütter dabei unterstützt werden können, diese Aufgabe zu erfüllen, wollen wir im nächsten Kapitel zeigen.

Wenn wir von einem Missbrauch erfahren, weil sich uns ein Kind anvertraut, ist es wichtig, die eigene Fassungslosigkeit und Ungläubigkeit zu beherrschen. Vermeiden Sie Ausrufe oder Zweifel wie »Das kann ich mir wirklich nicht vorstellen«, »Der soll so etwas gemacht haben? Unmöglich!« oder »Das hast du dir doch ausgedacht«.

Auch wenn der Erwachsene dem Kind glaubt, ist er vielleicht unsicher, wie er jetzt reagieren und was er darauf antworten soll. Die Unsicherheit und die Zweifel des Menschen, dem das Kind sein Geheimnis anvertraut hat, lösen wiederum in ihm selbst zwiespältige und verwirrende Gefühle aus. Es wollte sein »schmutziges Geheimnis« endlich loswerden und sich von einer womöglich jahrelangen Angst und Last befreien in der Hoffnung, dass ihm endlich geholfen wird, aber nun stürzt es noch tiefer in seine Scham- und Schuldgefühle. Das Kind wird selbst verunsichert und nimmt unter Umständen seine Aussage wieder zurück, wenn es spürt, dass der Erwachsene überfordert ist. Dies sollten Sie auf jeden Fall berücksichtigen, da die Aussage des Kindes für eine Strafverfolgung wichtig ist.

Wenn Sie den Kindesmissbrauch beenden wollen, vermeiden Sie auf jeden Fall auch Sätze, in denen sich ein versteckter Vorwurf verbirgt wie »Warum hast du mir nicht früher etwas gesagt?« oder »Warum hast du dich denn nicht gewehrt?«. Echte Hilfe erfordert, umsichtig, achtsam und einfühlsam mit dem Kind zu sprechen und umzugehen.

Das Gespräch mit dem Kind, in dem der Missbrauch aufgedeckt wird, ist der erste Schritt zur Beendigung der Straftat. Die Person, der es sich anvertraut, sollte dabei

- **ruhig bleiben, auch wenn es ihr schwer fällt.**

Viele Mädchen und Jungen leiden darunter, wenn sie ihrer Mutter oder einer anderen Vertrauensperson von dem sexuellen Missbrauch erzählen und ihr damit Kummer bereiten oder Angst und Bestürzung bei ihr auslösen. Sie hören dann womöglich auf zu reden oder widerrufen ihre Aussage.

Die Vertrauensperson des Kindes sollte

- **dem Kind unbedingt glauben.**

In aller Regel können Kinder nicht lügen oder sich etwas ausdenken, wenn sie von erlittener sexueller Gewalt berichten. Auch wenn ihre Erzählungen Widersprüche oder Ungereimtheiten enthalten, bedeutet das nicht, dass sie nicht wahr sind. Vielleicht will oder kann sich das Kind noch nicht ganz genau erinnern und es kann das Erlebte und seine Gefühle noch nicht so gut formulieren. Außerdem steht es beim Erzählen und Wiedererinnern unter Schock, Stress, Aufregung und einer Vielzahl belastender Gefühle.

Die Person, der sich das Kind anvertraut, sollte

- **den Missbrauch benennen können,**
- **den Missbrauch ganz klar als Unrecht bezeichnen.**

Zeigen Sie dem betroffenen Kind, dass Sie über den Missbrauch reden und die Dinge beim Namen nennen können. Reden Sie nicht um den heißen Brei herum. Hören Sie den Beschreibungen der sexuellen Handlungen zu und unterbrechen Sie das Kind nicht. Halten Sie auch Ihre eigene Bestürzung und Ihr Angewidertsein von den pädosexuellen Handlungen des Täters zurück, sonst bekommt das Kind das Gefühl, dass es selbst auch unanständig, Ekel erregend oder schmutzig ist.

Sagen Sie dem Kind ausdrücklich, dass

- **allein der Täter die Verantwortung für den sexuellen Übergriff oder Missbrauch trägt,**
- **es keinerlei Schuld hat.**

Entlasten Sie das Kind, nehmen seine Schuldgefühle aber auch ernst, indem Sie ihm erklären, dass Sie Verständnis für seine Gefühle haben. Reden Sie ihm die

Schuldgefühle aber nicht einfach aus und wischen Sie sie nur vom Tisch, denn sonst fühlt es sich vielleicht nicht richtig verstanden. Sagen Sie ihm auch, dass es mit seinem schlimmen Erlebnis nicht alleine ist und machen Sie dem Kind keine Vorwürfe, weil es bisher geschwiegen hat, sondern

- **loben Sie seinen Mut, jetzt mit Ihnen darüber zu reden, was passiert ist,**
- **geben Sie ihm seine Stärke und sein Selbstbewusstsein zurück,**
- **betonen Sie, was es alles kann und gut gemacht hat.**

Spielen Sie die Vorfälle nicht herunter und beschwichtigen Sie das Kind nicht mit Aussagen wie: »Ist ja nicht so schlimm« oder »Am besten vergisst du das alles ganz schnell wieder«, sondern

- **nehmen Sie das Kind absolut ernst in all seinen Empfindungen, Gefühlen und Aussagen,**
- **akzeptieren Sie auch seine widersprüchlichen Gefühle gegenüber dem Täter, wenn dieser aus dem nahen Umfeld kommt.**

Bei Kindesmissbrauch durch den Vater oder Partner sollten Mütter ihre Männer- oder Vater-Idealisierungen zurücknehmen und sein schuldhaftes Vergehen wahrnehmen und mitteilen. Kinder müssen von ihren Müttern lernen, dass »ein wirklich liebender Vater oder Mann so etwas weder seiner Frau noch seiner Tochter (oder seinem Sohn; Anm. d. Verf.) antun könnte.«[21]

Nehmen Sie sich Zeit und lassen Sie das Kind in Ruhe über alles reden. Ermutigen Sie es, aber bohren Sie nicht nach.

Erklären Sie ihm genau, welche Schritte Sie unternehmen werden, um den Missbrauch wirkungsvoll und endgültig zu beenden und um es in Zukunft davor zu schützen. Erzählen Sie ihm, wie Sie gegen den Täter vorgehen werden. Informieren Sie es über seine Rechte, über die Fachleute, bei denen Sie Unterstützung suchen werden, und die Konsequenzen, die nun auf Sie und das Kind zukommen werden. Als Mutter sagen Sie ihm ehrlich, welche Veränderungen in der Lebenssituation nun notwendig sind. Sprechen Sie auch über seine und Ihre eigene Angst vor diesen Konsequenzen und notwendigen Veränderungen (zum Beispiel die Wegweisung des Täters aus der Wohnung, ein Umzug, die Anzeige bei der Polizei, das Gerichtsverfahren).

Im alltäglichen Umgang mit einem missbrauchten Jungen oder Mädchen sind Mütter, Väter und andere Vertrauenspersonen oft unsicher, wie sie sich dem Kind gegenüber verhalten sollen. Hat es Angst vor Männern/Frauen oder Berührungen? Am besten orientieren Sie sich dann an den Bedürfnissen des Kindes.

Manche Kinder versuchen, die Erwachsenen so zu berühren, wie sie es beim sexuellen Missbrauch erlebt haben. Hier sollten Sie klare Grenzen ziehen, ohne böse zu werden. Sagen Sie Ihrem Kind, dass Sie es sehr lieb haben und gerne mit ihm schmusen oder kuscheln, aber so nicht berührt werden wollen. Seine sexualisierten Verhaltensweisen sind eine Folge des Missbrauchs. Darauf einzugehen, würde bedeuten, das Kind erneut zu missbrauchen.

Obwohl jeder Außenstehende mit Empörung und Bestürzung reagiert, wenn eine Sexualstraftat an einem Kind aufgedeckt wird, und meint, er hätte dies sicherlich früher bemerkt und unterbunden, bleibt die Tatsache der grausamen Statistik bestehen, die im Gegenteil zeigt, dass Bagatellisieren, Wegschauen und Leugnen immer noch die vorherrschende Haltung gegenüber diesem gesellschaftlichen Missstand ist. Dadurch produziert die Gesellschaft ständig neue Täter.

Es sollte jeden von uns wachrütteln, dass Deutschland mit Japan an der Spitze der pädosexuellen Kriminalität steht. Erwachsene müssen pädokriminellen Tätern klare Grenzen setzen und sich mit den Opfern solidarisieren. Darüber hinaus brauchen wir dringend Konzepte für eine Täterprävention (siehe hierzu unter »Präventive Sexualerziehung« ab Seite 171).

Sexuelle Übergriffe und Missbrauch benennen wir Erwachsene, damit Kinder eine klare Orientierung erhalten:

- **Es gibt Erwachsene, die wollen den Penis oder die Scheide von Kindern angucken und sie dort streicheln, obwohl Kinder das nicht mögen.**
- **Manche Männer stehen irgendwo vor der Schule, im Schwimmbad etc. und zeigen Kindern ihren Penis.**
- **Manche Erwachsene fassen Kinder auf eine Art in die Hose, die komisch für Kinder ist.**

Ebenso sollten Kinder lernen, ihre Geschlechtsteile benennen zu können. Denn sie können nur über etwas berichten, wofür sie geeignete Worte haben (siehe hierzu auch unter »Präventive Sexualerziehung«).

Stärkung der mütterlichen Schutzkraft und der Mutterrechte

Warum Mütter Unterstützung einfordern dürfen

Bei innerfamilialem Missbrauch sind es meistens die Mütter, die die Gewalttat an ihren Kindern aufdecken, obwohl auch sie oft lange Zeit nichts bemerken oder ihren Verdacht verdrängen. Obwohl es also überwiegend doch die Mütter sind, die ihre Kinder letzten Endes schützen, können sie aus den bereits geschilderten Anpassungsmechanismen an patriarchale Ideologien ihre natürliche Schutzfunktion für ihre Kinder nur eingeschränkt ausüben.

Es ist oft ein langer Weg für Frauen, die Vorstellung zuzulassen, dass ihr Mann oder Partner, womöglich der Vater ihrer Kinder, dazu fähig ist, ein Kind zu missbrauchen. Wie kann ein geliebter Mensch, den sie gut zu kennen glauben, ihnen so etwas Schreckliches antun?

Einige Mütter, deren Schutzinstinkt geschwächt ist, sind selbst Missbrauchsopfer. Fast alle Frauen haben in ihrer Kindheit Übergriffe erlebt und sind in eine Opferrolle gedrängt worden. Ihre Selbstbestimmung, ihr Selbstvertrauen und Selbstbewusstsein sind oft sehr geschwächt. Wenn sie Mutter werden, wirkt sich das natürlich auch in ihrer neuen Rolle und Aufgabe aus.

Sicherlich ist eine Beziehung zu einem Mann, der seiner Familie Liebe in Form von Achtsamkeit, Unterstützung und Schutz gibt, eine Bereicherung. Aber ihren Selbstwert, ihr Wohlbefinden oder gar ihr Leben davon abhängig zu machen, ob eine Frau einen Mann an ihrer Seite hat, ist nach wie vor ein selbstschädigendes Verhalten vieler Frauen. Mütter (und Frauen im Allgemeinen) neigen aufgrund der Idealisierung von Männern auch dazu, ihren Partnern ständig Vertrauensvorschuss zu geben, auch wenn dieser völlig unberechtigt ist wie im folgenden Fall:

> ■ **Dana wird von ihrem Partner mehrmals krankenhausreif geschlagen. Er kommt dafür sogar ins Gefängnis. Weil er Besserung schwört, nimmt sie ihn immer wieder auf, sogar nach Verbüßung der mehrjährigen Haftstrafe. Doch sogar jetzt schlägt er sie sofort wieder. Auf die Frage, warum sie sich das antut, erwidert sie, sie habe immer noch Hoffnung, dass er sich ändert. »Und mein Kind braucht doch seinen Vater.«**

Braucht ihr Kind wirklich einen Gewalttäter und die Gewalt und lebensbedrohliche Atmosphäre in der Familie, um zu gedeihen? Oder ist die Gegenwart des gewalttätigen Vaters in der Familie nicht eher schädlich für die gesunde Entwicklung eines Kindes?

Diese Fragen muss sich Dana stellen, um einerseits sich selbst und andererseits ihr Kind schützen zu können. Ihre mütterliche Schutzfunktion ist noch völlig von einer absurden Vater-Idealisierung verschüttet. Im schlimmsten Fall wird sie das ihr Leben kosten. Dann hat ihr Kind keine Mutter mehr und dafür einen Gewalttäter zum Vater. Wie würde sich das auf seine Zukunft auswirken?

Wäre es nicht viel besser für das Kind, den Täter aus der Familie zu entfernen und mit dem Kind in einer therapeutischen Umgebung die erlittene Gewalt und die notwendige Trennung zu verarbeiten, sodass es sich in den nächsten Jahren ungestört und unbeschädigt vom Einfluss eines Gewalttäters weiterentwickeln kann? Dann ist es später, wenn es älter ist, in der Lage, eventuell mit dem »Prügelvater« zu kommunizieren und sich mit ihm zu konfrontieren, wenn es das will und bereit dazu ist. Unter den bisherigen Lebensbedingungen wird es zerstört.

Die Entdeckung eines Missbrauchs ihres Kindes durch den Vater oder Partner trifft eine Mutter meist unerwartet. Sie reagiert darauf zunächst wie gelähmt. Sie kann weder denken noch handeln. Sie zweifelt an der Realität und hält das Ganze für einen bösen Albtraum. Sie glaubt der Aussage des Kindes nicht und ist wütend auf alles und jeden (das Kind, den Täter, die Information und sich selbst). Sie macht sich Selbstvorwürfe: »Ich hätte es merken müssen. Ich bin schuld, dass es passiert ist. Ich hätte mein Kind schützen müssen.«

Sich von Täter-Vätern distanzieren.

Mit den gleichen Vorwürfen werden Mütter häufig von Verwandten, Freunden, Bekannten und der Fachöffentlichkeit konfrontiert. Aber keiner hinterfragt, wie es dazu kommen kann, dass Mütter Missbrauch im Extremfall sogar dulden oder decken.

Wir haben die Gründe hierfür dargestellt:

Bedrohung: Ein Missbraucher droht sogar, die Frau und die Kinder umzubringen, wenn die Frau ihn anzeigen und/oder verlassen will. Männergewalt in Familien reicht von Drohungen, Erniedrigungen, sozialer Isolation, Vergewaltigung bis zu schwersten körperlichen Misshandlungen.

Störung bis Zerstörung des Mutter-Kind-Bündnisses: In der Familie sollten Mütter grundsätzlich darauf achten, dass ihr Partner keinen Keil zwischen sie und ihr Kind treiben kann. Täter hebeln die mütterliche Schutzkraft mit der Strategie aus, das Mutter-Kind-Bündnis systematisch zu schwächen oder gar zu zerstören. Ein potenzieller Missbraucher sagt dem Kind: »Die Mama hat dich nicht mehr lieb. Wenn du was sagst, wird sie dir sehr böse sein. Sie glaubt dir nicht und denkt, du bist verlogen.«

Beim Kind wird die Strategie, das Mutter-Kind-Bündnis auszuhebeln, dadurch erreicht, dass der Täter das Kind dazu bringt, nicht mehr dem Schutz und der Kraft der Mutter zu vertrauen. Der Täter suggeriert ihm: »Die Mama wird sehr traurig sein, wenn sie das erfährt. Sie wird weinen. Vielleicht wird sie krank und stirbt.« Natürlich löst das bei dem Kind große Angst aus. Es schweigt, um die Mutter zu schützen.

Mütter sollten sich der enormen Wichtigkeit ihrer Bindung zu ihren Kindern wieder bewusst werden und es sollte oberste Priorität in ihrem Leben haben, diese Bindung zu schaffen und zu erhalten. Nur in diesem intakten Bündnis kann eine Mutter ihre Erziehungsaufgabe uneingeschränkt erfüllen, die darin besteht, ihr Kind zu schützen und ihm zu zeigen, wie man lebt. Nur in dieser Symbiose entstehen Wachstum, Intelligenz und die kognitiven, emotionalen und sozialen Fähigkeiten eines Kindes.

Mutter und Kind wachsen nur auf eine sehr differenzierte Weise aus ihrer Symbiose heraus. Dieser überlebenswichtige Prozess ist ein Naturgesetz und nicht von außen »kündbar«. Wird es dennoch versucht (wenn sich Frauen zum Beispiel einreden lassen, sie seien »Glucken«), entsteht gerade dadurch eine verlängerte Symbiose.

Die Mutter ist für die bestmögliche Entwicklung ihres Kindes unersetzlich und von wesentlicher Bedeutung und wird in unserer Kultur weitgehend unterschätzt. Die Mutter durch jemand anderen zu ersetzen, beeinträchtigt die Kommunikation zwischen beiden – die Bindungsfähigkeit des Kindes an die Mutter, aus der es seine Lebenssicherheit und Orientierung bezieht, und ebenso die Bindungsfähigkeit der Mutter an ihr Kind, die mit dem mütterlichen Schutzinstinkt und dem Einfühlungsvermögen in ihr Kind verbunden ist. Aus dieser Verbundenheit und Kompetenz heraus kann sie zuverlässig für ihr Kind da sein und es gut schützen.

Um ihren Kindern ihren mütterlichen Schutz geben zu können, dürfen Mütter

- sich ihre Rechte als Mutter bewusst machen und sie einfordern,
- sich selbst vertrauen,
- ihrem Gefühl folgen, wenn sie merken, dass etwas nicht stimmt,
- sich nicht ihre eigene Wahrnehmung und ihr Gespür ausreden lassen,
- sich nicht einreden lassen, sie würden sich etwas einbilden,
- sich nicht von jemandem beschwichtigen lassen,
- sich nicht als hysterisch oder übertrieben misstrauisch oder ängstlich bezeichnen lassen,
- nachforschen, wenn sie das Gefühl haben, ihre Beziehung zu ihrem Kind hat sich auffällig verändert,
- sich an eine Frauenberatungsstelle wenden, um sich Hilfe und Unterstützung zu holen.

Im Moment können wir noch keine klaren Empfehlungen für Institutionen geben, die betroffenen Müttern und ihren Kindern tatsächlich gut helfen. Jede Institution muss von Müttern überprüft werden, ob sie nicht der »Väterideologie« folgt und Täter schützt. Im Anhang finden Sie erste Anlaufstellen, die in dieser Frage weiter beraten können.

Mütter brauchen Unterstützung und keine Schuldzuweisungen, Hilfe im Alltag zur Bewältigung der Probleme und Belastungen im Umgang mit Ämtern, bei rechtlichen Fragen und Erziehungsfragen (Therapiemöglichkeiten für sie und die betroffenen Kinder), bei finanziellen Problemen und ihrer Wohnsituation.

Müttern muss auch die Verantwortung für ihr Leben und das ihrer Kinder gelassen werden. In vielen Fällen finden Hilfe suchende Mütter nicht nur kein Verständnis, sondern zunächst auch keinen Glauben. Oft heißt es lapidar, sie wollten sich an ihrem Ex-Partner rächen und ihn durch den Missbrauchsvorwurf schädigen. In vielen Köpfen konnte sich der Slogan »Missbrauch mit dem Missbrauch« festsetzen, wobei dieser Fall die absolute Ausnahme ist. Eine Mutter, die einen Kindesmissbrauch aufdeckt, gerät in eine qualvolle Prozedur (um den Beweis zu führen und mit ihrer Familie Schutz vor dem Täter zu finden), die praktisch niemand auf sich nimmt, der nicht wirklich Grund dazu hat.

Verantwortungsbewusste Väter müssen Mütter in ihrer Aufgabe unterstützen. Für sie ist es unerlässlich, ihre Rolle als Mann und Vater zu überdenken, indem sie das Gespräch mit anderen Männern darüber und die aktive Auseinandersetzung mit Frauen suchen.

Die Emanzipationsbewegung der Frauen hat versäumt, zuerst einzufordern, dass Männer ihr Verhalten ändern und sich gegenüber Müttern und Kindern achtsam, unterstützend und vertrauenswürdig erweisen, bevor sie so genannte »neue Väter« ins Kinderzimmer beorderte.

Jede Mutter hat ein Recht, mit Respekt behandelt zu werden. Sie leistet täglich 24 Stunden Arbeit für den Staat, indem sie die Kinder großzieht und versucht, ihnen Achtsamkeit, Schutz und Unterstützung zu geben.

Präventive Sexualerziehung für Mädchen und Jungen

Was wir Kindern beibringen müssen, um sie zu schützen

Die präventive Sexualerziehung soll bewirken, dass aus Mädchen und Jungen keine Opfer und aus Jungen auch keine Täter werden.

Mütter und Väter sollten mit ihren Kindern altersgemäß über Sexualität sprechen. Je nach Alters- und Entwicklungsstufe rufen Kinder immer wieder Informationen über die Geschlechtsorgane, ihre Funktion und die Sexualität ab. Es genügt also, sie das Wissen darüber über die Jahre verteilt erwerben zu lassen.

Dass sie aus »Mamis Bauch geschlüpft« sind, verstehen die meisten Kinder schon früh und vollziehen es an den schwangeren Bäuchen, die sie bei anderen oder ihren eigenen Müttern sehen, gut nach. Genaueres über die Entstehungsgeschichte eines Babys wollen sie meist erst etwas später wissen.

Kinder brauchen Informationen über Sexualität, um Missbrauchssituationen überhaupt erkennen zu können. Ein potenzieller Täter kann die Unwissenheit und natürliche Neugier von Kindern, die nicht über Sexualität aufgeklärt wurden, für seine Zwecke nutzen.

Ein Kind, das sexuell missbraucht wurde, kann die Tat schwer benennen, wenn es keine Ausdrücke für die Geschlechtsorgane und sexuelle Handlungen kennt. Hierfür eignet sich die Sprache, in der seine Mutter meist von Geburt an seine Genitalien bezeichnet. In jeder Familie gibt es unterschiedliche Formulierungen, die das Kind am besten nachvollziehen kann. Es sollte über unterschiedliche Ausdrücke für öffentliche und private Unterhaltungen verfügen (»Zu Hause sagen wir ›Pimmelchen‹ oder ›Pischermännchen‹, bei anderen Leuten ›Penis‹.«)

Wurde in der Familie über Sexualität und sexuellen Missbrauch gesprochen, wissen die Kinder, dass ihre Mutter und ihr Vater das Problem kennen und sie mit ihnen darüber sprechen dürfen. Eine positive und natürliche Einstellung zum Körper und der eigenen Körperlichkeit verhindert, dass beim Kind Unsicherheit in Hinblick auf Sexualität und den Umgang mit dem eigenen Körper entsteht.

Mütter und Väter sollten den Körper des Kindes als etwas ganz Besonderes achten und diese Wertschätzung auch zum Ausdruck bringen. Das Kind soll ein Gefühl für die Kostbarkeit und Einmaligkeit seines Körpers entwickeln können. Wichtig ist auch, dass es lernt, seine unterschiedlichen Körperempfindungen wahrzunehmen und in Worte zu fassen.

Kinder sind noch sehr körperbezogen und nehmen jede Regung in ihrem Körper wahr. Ständig tut kurzfristig etwas weh, da zwickt es, der Bauch drückt, das Ohr zieht, der Zahn tut weh, irgendwo juckt oder kratzt es. Wenn in ihrem kleinen Körper etwas passiert, spüren sie es unmittelbar und kommentieren es. Wie Kinder vom ersten Moment ihrer Zeugung an wachsen und sich körperlich entwickeln, ist wahrhaftig auch ein Wunder, über das sie selber auch staunen dürfen.

Wie nennst du diese Körperteile?

Zum Drüberreden und Überlegen

- Schreibe die Namen für die Körperteile in die freien Felder, so wie du sie nennst.
- Wer darf dich dort anfassen? (Siehe unter »Kuscheln« S. 125 und »Bauchkribbeln« S. 77)
- Ausnahme: Wenn sie dich vorher um Erlaubnis gefragt haben, dürfen dich deine Mama oder dein Papa dort zum Beispiel eincremen.
- Ausnahme: Die Ärztin oder der Arzt, wenn deine Mama oder dein Papa dabei sind.

Mütter reagieren auf die ständigen Mitteilungen ihrer Kinder über ihr körperliches Befinden instinktiv genau angemessen. Sie wissen, wann ihr Kind ernsthaft krank ist und wann es nur eine Auskunft über eine momentane Körperempfindung gibt. Trotzdem ist es wichtig, darauf zu antworten, um zu signalisieren, dass sie die Sache ebenfalls wahrgenommen haben und demzufolge aufmerksam sind, was daraus wird. »Wir beobachten das mal und kümmern uns darum« ist die geeignete Haltung. Meist zieht oder zwickt es dann an dieser Stelle bald nicht mehr, dafür woanders.

Aufmerksamkeit und Achtsamkeit gegenüber dem eigenen Körper, seinen Funktionen und Bedürfnissen ist die Voraussetzung, damit Kinder von anderen die gleiche Behandlung einfordern. Später wird der Umgang mit dem eigenen Körper dazu beitragen, welche Form von körperlichem Austausch wir jemand anderem erlauben. Kinder, die gelernt haben, gut zu sich selbst zu sein und achtsam mit sich umzugehen, werden übergriffige Menschen, die ihnen schaden, gar nicht erst an sich heranlassen oder schnell wieder abweisen.

Von Geburt an soll ein Kind sein Selbstbestimmungsrecht über seinen Körper ausüben dürfen. Wenn es eine Berührung nicht mag, sollte sein Wunsch immer erfüllt werden. Zärtlichkeiten gegen seinen Willen sollten auf jeden Fall unterlassen werden. Beim Schmusen oder Kuscheln bestimmt das Kind, ob, wie viel und wie lange es das möchte.

Mütter und Väter sollten auch nicht erlauben, dass Fremde ihr Kind ungefragt anfassen. Wenn es Berührungen nicht mag, sollte es von den Erwachsenen unterstützt werden, seinen Widerwillen auch bekunden zu dürfen. Mütter und Väter sollten ihren Kindern immer den Rücken stärken und zu ihnen stehen, auch wenn sie dadurch bei Verwandten oder Bekannten auf Kritik oder Unmut stoßen. Die Sicherheit des Kindes hat Vorrang. Ein klärendes Gespräch mit den betreffenden Personen kann die Haltung verständlich machen. Für Kinder ist es schwer, sich gegen Erwachsene durchzusetzen. Sie brauchen dabei jede Unterstützung von uns. (Siehe hierzu auch in Teil 2 »Mein Körper gehört mir«.)

Auch Ärzte sollten dies berücksichtigen. Auch wenn ein Kind bei der Untersuchung vom Arzt berührt werden muss, wäre es eine schöne und respektvolle Geste, das Kind vorher um Erlaubnis zu fragen. Kinder entspannen sich durch die Nachfrage »Darf ich da mal gucken/hinfassen« sichtlich. Und es ist wunderbar zu sehen, wie sie sich aufrichten, wenn sie sich respektvoll behandelt fühlen.

In die Sexualerziehung älterer Kinder kann das Thema »Sexueller Missbrauch« miteinbezogen werden. Hierfür sollten sich die Erwachsenen jedoch selbst eingehend mit dem Problem auseinander gesetzt haben, um die Fragen des Kindes auch tatsächlich so beantworten zu können, dass es informiert, aber nicht geängstigt oder beschämt wird.

Für die meisten ist es nicht einfach, über Missbrauch zu reden. Auch wenn es Überwindung kostet, sich auf das Thema einzulassen, genügt es nicht, dem Kind ein paar trockene Fakten oder »Fachwissen« zu vermitteln. Es braucht jedoch auch keine detaillierte Beschreibung des Delikts. Vielmehr muss es seinem Alter und seiner kognitiven Entwicklung entsprechend nachvollziehen können, worum es geht.

Kinder haben selbst einen sicheren Instinkt für die Ordnung der Dinge. Sie spüren sehr genau, was okay ist und was nicht. Alles, was ihnen »komisch«, »doof« oder »blöd« vorkommt, ist auch tatsächlich nicht stimmig. Diese Wahrnehmung entsteht aus einem gesunden, natürlichen Schamgefühl heraus. Deshalb nennen Kinder das oft auch »peinlich« oder es ist ihnen selbst peinlich, was ein anderer tut. Sie empfinden die Peinlichkeit und Unangemessenheit des Verhaltens nach.

Als Mutter oder Vater kann man hier anknüpfen und dieses Gefühl beim Kind ansprechen und stärken. Folgende unkomplizierte Formulierungen sind kindgemäß:

- **Es kommt vor, dass ein Erwachsener deine Vagina (deinen Penis) angucken oder streicheln will, obwohl das für dich doof ist.**
- **Es gibt Männer, die wollen, dass du ihren Penis anguckst oder streichelst, obwohl das für dich blöd ist.**
- **Manche Männer fassen Kinder einfach an den Po, obwohl das komisch ist.**

- **Es gibt Leute, die wollen dich an deinem Körper an einer Stelle anfassen, wo du ein komisches Gefühl dabei hast.**
- **Es kann sein, dass jemand dich an einer Körperstelle streichelt oder anfasst oder kitzelt und am Anfang gefällt dir das sogar ein bisschen oder du findest es lustig, aber dann willst du nicht mehr und er macht einfach weiter.**
- **Es gibt Männer, die wollen mit dir komische Bilder oder Videos gucken, die dir unangenehme Gefühle machen.**
- **Es gibt Männer, die erzählen eklige Sachen am Telefon.**
- **Es gibt Erwachsene, die wollen dich an einer Stelle küssen, wo du ein ganz komisches Gefühl dabei hast.**
- **Leute, die so etwas machen, locken dich womöglich mit etwas, damit du ihnen erlaubst, das mit dir zu tun.**
- **Leute, die so etwas machen, machen dir womöglich Angst, damit du nicht weitererzählst, was sie mit dir gemacht haben.**
- **Leute, die so etwas machen, erzählen dir vielleicht, das sei ganz normal, was sie mit dir machen.**

Natürlich kommen Sie dabei in unterschiedliche Erklärungsnöte, da Ihr neugieriges, aufgewecktes Kind manches genauer wissen will. »Was sagt der für eklige Sachen am Telefon zu mir?«

Hier können Sie ehrlich antworten, dass Sie das auch nicht ganz genau wissen, aber es sind auf jeden Fall keine normalen Sachen, die jemand am Telefon sagen würde. »Sie machen ein komisches Gefühl und verursachen ein Kribbeln im Bauch. Mehr wollen wir nicht wissen und legen deshalb sofort den Hörer auf.«

Für solche »Schockanrufe« sollten Sie eine Notfall-Telefonliste bereitlegen, wenn das Kind alleine zu Hause ist, damit es gleich Sie (zum Beispiel auf dem Handy) oder eine andere Vertrauensperson anrufen kann. Die Liste sollte auch die Telefonnummern der Polizei und Feuerwehr enthalten. Notieren Sie Ihrem Kind auch die eigene Adresse, denn falls es Hilfe holen muss und in Stress ist, vergisst es sie womöglich. Diese Liste ist immer nützlich, auch wenn das Kind sich zum Beispiel zu Hause verletzt, wenn es alleine ist.

Grundsätzlich: Ein Telefon ist nicht gefährlich. Für die oben geschilderten Ausnahmen können Sie mit Ihrem Kind üben, wie es sich am Telefon höflich melden und verhalten kann (zum Beispiel mit zwei Mobilteilen vom Festnetzanschluss intern miteinander telefonieren). Bei Fremden genügt ein »Hallo« ohne Namensnennung (siehe hierzu in Teil 1 unter »Gut und schlecht«). Danach fragt das Kind: »Wen wollen Sie sprechen?« (Mögliche Antwort: »Deine Mutter«). Darauf erwidert das Kind: »Rufen Sie bitte später noch einmal an.« Bei allen anderen Reaktionen des Anrufers, die das Kind verunsichern oder ängstigen (Bauchkribbeln) gilt: Es legt sofort den Hörer auf! Dann kann es sich mit der Notfall-Telefonliste Hilfe holen.

Präventive Sexualerziehung bedeutet auch, dass Mädchen und Jungen ihre Geschlechterrolle nicht mit den immer noch verbreiteten patriarchalen Rollenzuschreibungen identifizieren. Mädchen brauchen Unterstützung und Vorbilder dafür, wie sie eine selbstbestimmte Weiblichkeit entwickeln können. Jungen benötigen männliche Leitbilder, um einen respektvollen Umgang mit Mädchen und Frauen zu lernen. Sie brauchen erwachsene, verantwortungsvolle Männer und Frauen, die ihnen Orientierung bieten, was es wirklich bedeuten kann, ein Mann zu sein.

Jungen und Mädchen brauchen Erwachsene, die sexuelle Grenzverletzungen klar ablehnen und Opfer schützen.

Schlau am Telefon

Zum Drüberreden, Überlegen, Ausprobieren und Üben

- Wenn wir mit anderen sprechen, ist es grundsätzlich gut, höflich zu sein. Trotzdem musst du niemand deinen Namen sagen, wenn du nicht willst, weder auf der Straße, in einem Geschäft noch am Telefon. Lotte und Justus zeigen dir, was du sagen kannst, wenn du ans Telefon gehst.
- Immer, wenn uns jemand am Telefon Bauchkribbeln/Angst macht, dann legen wir sofort auf! Wenn du gerade alleine zu Hause bist, rufst du sofort deine Mutter oder deinen Vater an.
- Dafür solltet ihr eine Notfall-Telefonliste erstellen und in der Wohnung aufhängen.

Männliche Sozialisation und Täterprävention

Wie Männer aktiv gegen Gewalt werden

Auf ihrer Suche nach Männlichkeit sind Jungen meist auf das Bild reduziert, das durch die meisten Köpfe und in den Medien herumspukt: Der aufgeblasene »Macho« oder der von allen gepäppelte »große Junge«. Filmhelden beider Couleur werden von Frauen gehätschelt und von Männern bestätigt. Auf jeden Fall sind sie der Mittelpunkt und bestimmen das Geschehen. Selten sieht man einen erwachsenen, eigenverantwortlichen Mann, der alleine klar kommt und seine Fähigkeiten und Kräfte für etwas Sinnvolles einsetzt. Selbst die »Retter« erschöpfen sich darin, den Unfug ihrer Geschlechtsgenossen zu unterbinden, indem sie Machtkämpfe mit ihnen austragen.

Die Vorstellung, dass Jungen sich nur mit dem Vater oder einem männlichen Vorbild identifizieren, stimmt jedoch nicht ganz. Kinder verinnerlichen keine pauschalen Eigenschaften wie »männlich« oder »weiblich«, sondern das, was zwischen Menschen geschieht – das, was sie bei anderen Menschen sehen, hören und erleben. Schließlich sind wir keine festen Bilder, sondern leben unsere Eigenschaften. Das nennt man Verhalten und Kommunikation (»sich verbinden«).

Kinder beobachten das Verhalten ihrer Bezugspersonen. Dann rufen sie durch ihr eigenes Verhalten Reaktionen und Gefühle bei ihrer Mutter oder ihrem Vater hervor, um zu spüren oder zu erfahren, was passiert, wenn sie sich selbst so verhalten. Ihre Selbstfindung geschieht im ständigen wechselseitigen Austausch mit anderen.

Erst dadurch, wie die Mutter sich verhält, bekommen Kinder einen Eindruck davon, was eine Frau und eine Mutter ist. Das Gleiche gilt für den Vater. Durch das, was er ist und wie er mit anderen kommuniziert, verbinden Kinder ein Bild von Mann- oder Vatersein.

Dass sich in den Familien nicht viel verändert hat, zeigt sich daran, dass bereits Sechsjährige über ein reichhaltiges einschlägiges Vokabular verfügen. »Titten«, »schwul«, »Ficker« bringen unsere Kinder mit einem Fragezeichen versehen von der Schule mit nach Hause. »Mami, was ist ein Ficker?«

Überwiegend sind es Jungen, die diese Ausdrücke verwenden, und Mädchen schnappen sie auf. Fakt ist auch, dass all diese Ausdrücke als Erniedrigung und Demütigung benutzt werden. Wäre es nicht Zeit, dass Väter ihre Söhne mit einem anderen Wortschatz ausstatten?

Die meisten Männer reagieren auf Hierarchien und Macht. Jeder will ganz nach oben kommen. Deshalb ist ihr Leben konkurrenzbetont. Konkurrenz ausschalten heißt siegen. Aber der Sieg für den einen bedeutet eine Niederlage für den anderen. Keinen Sieg zu erringen, nicht an die Spitze zu kommen und es nicht zu schaffen, verunsichert die meisten Männer zutiefst. Daher schaffen sie Situationen, in denen sie Macht haben – und machen andere zu ihrem Opfer.

Viele Forscher und Autoren führen die Gewaltbereitschaft von Männern darauf zurück, dass diese als Kind selbst traumatisiert wurden. Sicherlich schaut sich ein Junge Gewalttätigkeit von seinem Vater und anderen Männern ab. Aber die selbst erlittene Gewalt führt nicht bei allen dazu, dass sie später auch gewalttätig werden. Im Gegenteil kann die Gewalterfahrung auch zu einer ernsthaften Auseinandersetzung mit dem Thema und einer starken Motivation führen, Konflikte gewaltfrei zu lösen und gewaltfrei zu kommunizieren. Jeder hat die Wahlfreiheit, sich von unerwünschtem Verhalten zu lösen und neue Verhaltensweisen zu entwickeln. Eine schlimme Kindheit ist keine Entschuldigung für die Verletzungen, die man einem anderen zufügt.

Männliche Sexualität ist nicht etwa von Natur aus mit dem Drang, die Frau zu erobern und zu unterwerfen, verbunden, sondern nur in patriarchalen Systemen. Mädchen, Frauen und scheinbar schwächere Jungen werden Opfer von verbalen, körperlichen und sexuellen Übergriffen, damit sich die Täter dabei »männlich« und überlegen fühlen können.

Wenn wir dies ändern wollen, müssen Erwachsene den Jungen klare Grenzen setzen und sexuelle Übergriffe von Jungen gegenüber Mädchen energisch unterbinden.

Jungen müssen lernen, dass

- **sie keine Verfügungsmacht über Mädchen haben,**
- **Sexualität nicht Männlichkeit, Potenz, Stärke und Konsum beinhaltet, sondern Liebe, Gefühl, Mitgefühl, Achtsamkeit und Respekt,**
- **Jungen auch hilfsbedürftig sein dürfen, ohne deshalb als »Schwächling« zu gelten,**
- **Jungen sich offen gegen Gewalt und sexuelle Übergriffe von anderen Jungen stellen dürfen,**
- **Erwachsene sie in ihrem mutigen Verhalten, sich auf die Seite der Opfer zu stellen, bestätigen und unterstützen.**

Jungen sollten auch über die irreführenden Botschaften und Hemmschwellenverschiebungen in Filmen und in den Medien aufgeklärt werden.

Väter fühlen sich in der Auseinandersetzung mit der Problematik des sexuellen Kindesmissbrauchs meist unwohl, angegriffen oder fürchten, von Frauen und Kindern argwöhnisch beobachtet zu werden. Oft werden sie unsicher, wie sie sich Jungen und Mädchen gegenüber verhalten sollen. Sie fragen sich, ob und in welcher Intensität sie mit ihren Kindern schmusen und sich mit ihnen beschäftigen dürfen.

Diese Unsicherheit ist gut, weil sie dazu führt, dass Männer sich mit dem Problem auseinander setzen müssen.

Für den Körperkontakt mit einem Mädchen oder Jungen gilt für einen Vater das Gleiche wie für alle anderen Erwachsenen:

● Achten Sie auf die eigenen Empfindungen und auf die Reaktionen des Kindes.

● Wenn es komisch für Sie ist, mit Ihrem Sohn zu baden, weil Sie sexuelle Gefühle befürchten oder spüren, ziehen Sie die Grenze. Sie sind verantwortlich.

● Falls Sie sich schon einmal sexuell zu einem Kind hingezogen gefühlt haben, müssen Sie verantwortlich handeln. Holen Sie sich fachkundige Hilfe bei einer Beratungsstelle (siehe Anhang).

● Akzeptieren Sie sofort, wenn sich das Kind gegen den Körperkontakt mit Ihnen wehrt oder Unbehagen ausdrückt.

● Achten Sie auf das kleinste Zeichen von Abwehr eines Kindes wie Abwenden, das Gesicht verziehen, den Körper anspannen. Kinder wehren sich nicht immer lautstark.

● Wenn Ihr Kind Ihnen gegenüber Gefühle zeigen und seinen Willen bekunden darf, kann es sich leichter äußern, wenn ihm etwas an Ihrem Verhalten nicht gut tut.

● Wenn Sie die Gefühle Ihres Kindes akzeptieren und innerhalb und außerhalb der Familie ein partnerschaftliches Verhältnis zu Frauen, Mädchen und Jungen pflegen, leisten Sie Ihren notwendigen Beitrag zur Vorbeugung gegen sexuelle Gewalt.

● Für einen verantwortungsbewussten Vater ist es unerlässlich, seine Rolle als Mann zu überdenken, indem er das Gespräch mit anderen Männern und die aktive Auseinandersetzung mit Frauen sucht.

»Ich gehöre als Mann unfreiwillig einer Gruppe von Menschen an, die einer anderen Gruppe von Menschen – den Frauen – Angst macht ... Ich gehöre zu einer Gruppe von Gewalttätern, und ich verstehe, dass niemand mir meine weiße Fahne glauben will«, sagt der Kolumnist Peter Bichsel über Männer.[22] Täterprävention bedeutet, dass zuerst Väter sich ändern. Dann bekommen auch ihre Söhne eine Chance.

Rat und Hilfe

Anlaufstellen und konkrete
Schritte im Ernstfall

Täter häuslicher Gewalt und sexuellen Kindesmissbrauchs verletzen meist mehrere Gesetze im Zivil- und Strafrecht.

Mütter und auch Kinder können gegen den Täter vorgehen. Sie müssen sich dazu an ein Familiengericht (oder Amtsgericht) wenden und Schutzanordnungen gemäß dem Gewaltschutzgesetz gegen den Täter erwirken. Dabei sollten sie anwaltlich unterstützt werden. Mütter mit einem geringen Familieneinkommen können für die Gerichtsverfahren auch finanzielle Unterstützung in Form von Prozesskostenhilfe erhalten.

Die Erfahrungen von Müttern zeigen, dass man vor der Anzeige eines Kindesmissbrauchs gründlich abklären muss, wem sich die Mutter und das betroffene Kind anvertraut. Vor der Einschaltung von Institutionen (z.B. Polizei, Jugendamt, ASD – Allgemeiner Sozialer Dienst, Anwälte, Familiengerichte) ist es unbedingt notwendig festzustellen, welche Hilfen dort angeboten werden und welche Konsequenzen diese Hilfen für Mutter und Kind haben. Viele Mütter berichten, dass sie von den Institutionen wenig wirkliche Unterstützung erfahren haben und zu der eigenen inneren Not noch zusätzlich belastet wurden.

Das Gleiche gilt für ärztliche Untersuchungen des Kindes. Es gibt Ärzte und Krankenhäuser, die psychologisch nicht geschult sind, mit Missbrauchsopfern richtig umzugehen. Wenn möglich, sollte man auch hier vorher bei einer Frauenberatungsstelle Erkundigungen über Ärzte einholen. Hier erfährt man auch, was der Arzt dokumentieren und wie er ein schriftliches Attest abfassen sollte.

Wie für alle Vergewaltigungsopfer ist eine ärztliche Untersuchung auch für ein missbrauchtes Kind eine erneute Tortur. Daher sollten Sie mit Ihrem

Kind vorher in Ruhe darüber sprechen, es vorbereiten und beim Arzt auf jeden Fall durchgängig unmittelbar an seiner Seite bleiben. Für das Kind ist die Auswahl des Arztes seines Vertrauens wichtig. Es kann auch sein, dass es darauf besteht, nur von einer Ärztin untersucht zu werden. Kommen Sie dieser Bitte unbedingt nach.

Für ein Kind kann es jedoch auch sehr wichtig sein, von einem Arzt zu erfahren, dass es heil und gesund geblieben ist.

Obwohl Missbrauch selten medizinisch eindeutig nachgewiesen werden kann, müssen Ärzte ihre Diagnose meist auf den *Verdacht* auf sexuellen Missbrauch beschränken, was von Staatsanwaltschaft und Gerichten dann wieder zur Verfahrenseinstellung verwendet wird.

Nur aus einem geschützten Rahmen den Täter anzeigen.

Aus »Mangel an Beweisen« führen die Mehrheit der zur Anzeige gebrachten Missbrauchsfälle immer noch zu keiner Strafverfolgung.

Der Beweis für Missbrauch ließe sich jedoch mit der Kombination aller Indizien – körperlichen, psychischen und verbalen Hinweisen sowie der Beobachtung von Zeugen, in den meisten Fällen die Mutter – führen, wenn mehr Bereitschaft der Institutionen bestünde, Missbrauch ernst zu nehmen, Müttern und Kindern zu glauben und Täter nicht länger zu schützen.

Frauen sollten sich auf jeden Fall an eine spezielle Frauenberatungsstelle als erste Anlaufstelle wenden, deren Mitarbeiterinnen kompetent in Missbrauchs- und Gewalterfahrungen von Frauen und wirklich solidarisch mit Müttern sind. Im Anhang finden Sie einige zuverlässige Kontaktadressen, wo Sie sich weiter beraten lassen können.

Mütter sollten sich aber unbedingt Hilfe für sich und ihre betroffenen Kinder suchen. Bei den entsprechenden Beratungsstellen können auch therapeutische Unterstützungen angeboten oder vermittelt werden, um das Trauma verarbeiten zu können.

Für eine Anzeige kann sich eine betroffene Mutter und das missbrauchte Kind die Zeit lassen, die beide brauchen, um den Täter aus einem geschützten sozialen Rahmen und einer stabilisierten psychischen Situation heraus mit der Tat konfrontieren zu können. Eine Anzeige ist auf jeden Fall für die eigene psychische Hygiene notwendig und um Tätern deutliche Grenzen zu setzen.

Es ist wichtig zu wissen, welche Beweise gerichtsrelevant sind und wie diese rechtzeitig und in richtiger Weise gesichert werden müssen. Auch Schadensersatz und Schmerzensgeld stehen einem Opfer zu. Diese Ansprüche müssen in einem bestimmten zeitlichen Rahmen gerichtlich gestellt werden, um nicht zu verjähren. Auch darüber können sich Mütter und ihre Kinder in Frauenberatungsstellen informieren.

Leider reicht das Gewaltschutzgesetz nicht aus, um Mütter und Kinder nach einer Wegweisung des Täters aus der Familienwohnung zu schützen. Durch das seit 1. Juli 1998 bestehende neue Kindschaftsrecht erhalten Täter weiterhin Umgang mit ihren Kindern und damit die Möglichkeit, weiterhin die Familie zu terrorisieren.

Nahezu alle Väter, die psychische, körperliche oder sexuelle Gewalt in der Familie ausüben, versuchen nach einer Trennung, mit »aller Gewalt« auf dem gemeinsamen Sorgerecht und dem uneingeschränkten Umgang mit den Kindern zu bestehen oder versuchen sogar, der Mutter das Sorgerecht für die Kinder entziehen zu lassen. Dies tun sie nicht etwa, weil sie liebende Väter sind, sondern um die gesetzlichen Möglichkeiten als Mittel zur Machtausübung über Kinder und Mütter zu benutzen.

Die häusliche Hölle wird für Mütter und Kinder auf Jahre verlängert und oft sogar noch verschärft. Dies, obwohl das Gesetz ausdrücklich vorschreibt, dass sich Entscheidungen über das Sorge- und Umgangsrecht ausschließlich am Wohl des Kindes orientieren müssen. Hier ist eine Gesetzesänderung dringend erforderlich, ebenso ein gesellschaftliches Umdenken in Hinblick auf die Stärkung der Mutter- und Kinderrechte.

Kinder erfahren in Hinblick darauf, wie sie Rat und Hilfe bekommen:

- Ich habe ein Recht auf Hilfe .
- Ich habe das Recht zu sagen, was ich denke und fühle.
- Ich habe das Recht auf Schutz.
- Mein Wille und mein Interesse zählen zuallererst, wenn es um meine Sicherheit und mein Wohlbefinden geht.
- Ich darf jemandem, dem ich vertraue, mein Problem/mein Geheimnis anvertrauen.
- Ich gebe nicht gleich auf, wenn mir jemand nicht sofort glaubt.
- Ich gebe nicht gleich auf, wenn mein Nein nicht beim ersten Mal verstanden und akzeptiert wird.
- Wenn ich Angst habe oder jemand mich zu etwas zwingen will und mein Nein überhört, darf ich unfreundlich sein, lügen, schreien, spucken, treten, hauen, weglaufen.
- Ich kann immer wieder Nein sagen, auch wenn es nicht beim ersten Mal klappt.
- Ich darf nicht gezwungen werden, Kontakt mit Personen zu haben, vor denen ich Angst habe (auch nicht, wenn diese zu meiner Verwandtschaft gehören).

Anhang

Anmerkungen

1   Siehe hierzu Anita Heiliger/Traudl Wischnewski (Hrsg.): *Verrat am Kindeswohl.* Frauenoffensive, München 2003
2   BGB, 49. Aufl. 2001(Beck-Texte im dtv, München 2001)
3   Opfer gegen Gewalt e.V. (Siehe Anhang)
4   Opfer gegen Gewalt e.V. im Internet: www.opfer-gegen-gewalt.de; Quelle: »Studie zur Erfassung der Opfersituation«
5   Siehe hierzu Christa Mulack: *Etwas so Unvorstellbares. Sexueller Missbrauch und das Schweigen der Mütter.* Kreuz, Stuttgart 1999, S. 120 ff.
6   Siehe auch in Terrence Real: *Mir geht's doch gut. Männliche Depressionen.* Scherz, Bern/München/Wien 1999
7   »Schläge als Erziehungsinstrument«, Umfrage des Emnid-Instituts bzw. Zitat aus Ingrid Bauer: *Es geht auch ohne Windeln. Der sanfte Weg zur natürlichen Babypflege.* Kösel, München 2004
8   Terrence Real: a.a.O., S. 106
9   Terrence Real: a.a.O., S. 106
10 Anita Heiliger: *Täterstrategien und Prävention. Sexueller Missbrauch an Mädchen innerhalb familialer und familienähnlicher Strukturen.* Frauenoffensive, München 1999
11 Anita Heiliger: a.a.O., S. 61
12 Anita Heiliger: a.a.O.; S. 161
13 Anita Heiliger: a.a.O.; S. 160
14 Zitat aus: Anita Heiliger, Steffi Hoffmann (Hrsg.): *Aktiv gegen Männergewalt. Kampagnen und Maßnahmen gegen Gewalt an Frauen international.* Frauenoffensive, München 1998, S. 215
15 Terrence Real: a.a.O., S. 257
16 Quelle: Studie des Kriminologischen Forschungsinstituts Niedersachen (KFN), 1992
17 Christa Mulack: a.a.O., S. 33

18   Anita Heiliger: a.a.O., S. 128

19   Anita Heiliger: a.a.O., S. 135

20   Zitiert aus *Süddeutsche Zeitung* vom 16.05.03, Leserbrief (und mündliche Mitteilung) von Traudl Wischnewski:»Bedenken gegen die Pflicht zur Anzeige«

21   Christa Mulack: a.a.O.; S. 167

22   Zitiert in Gitti Henschel: *Gib Vati einen Gute-Nacht-Kuss* in Kuckuck/Wohlers (Hrsg.): *Vaters Tochter. Von der Notwendigkeit, den Frosch an die Wand zu werfen.* Rowohlt, Reinbek 1988

Literatur

Übereinkommen über die Rechte des Kindes. UN-Kinderkonvention; herausgegeben vom Bundesministerium für Familie, Senioren, Frauen und Jugend; Broschürenstelle

»Meine Rechte«: Broschüren zur Verbreitung der UN-Konvention über die Rechte des Kindes für Kinder und junge Menschen für drei Altersstufen; herausgegeben vom Deutschen Kinderschutzbund

Dr. Birgit Schweikert, Dr. Gesa Schirrmacher:»Sorge- und Umgangsrecht bei häuslicher Gewalt«, Bund-Länder-AG »Häusliche Gewalt« 2001; herausgegeben vom Bundesministerium der Justiz

Sonja Blattmann: *Ich bin doch keine Zuckermaus.* Donna Vita, Köln 1994

Sonja Blattmann/Marion Mebes: *Ich bin doch keine Zuckermaus. Begleitmaterial.* Donna Vita, Köln 2001

Gisela Braun/Dorothee Wolters: *Das große und das kleine Nein.* Verlag an der Ruhr, Mühlheim a.d. Ruhr 1991

Ursula Endres (Hrsg.): *Zart war ich, bitter war's. Handbuch gegen sexuellen Missbrauch.* Vollständig überarb. u. erw. Neuauflage, Kiepenheuer & Witsch, Köln 2003

Anita Heiliger: *Täterstrategien und Prävention. Sexueller Missbrauch an Mädchen innerhalb familialer und familienähnlicher Strukturen.* Verlag Frauenoffensive, München 2000

Anita Heiliger/Traudl Wischnewski: *Verrat am Kindeswohl. Erfahrungen von Müttern mit dem Sorge- und Umgangsrecht.* Verlag Frauenoffensive; München 2003

Marie-France Hirigoyen: *Die Masken der Niedertracht. Seelische Gewalt im Alltag und wie man sich dagegen wehren kann.* dtv, München 2002

Horst Kraemer: *Das Trauma der Gewalt. Wie Gewalt entsteht und sich auswirkt. Psychotraumata und ihre Behandlung.* Kösel, München 2003

Christa Mulack: *Etwas so Unvorstellbares. Sexueller Missbrauch und das Schweigen der Mütter.* Kreuz, Stuttgart 1999 (Erhältlich auch über www.members.aol.com/mulackgiese)

Cornelia Nack: *Wenn Eltern aus der Haut fahren. Von der Unmöglichkeit, immer liebevoll, geduldig und ausgeglichen zu sein.* Kösel, München 1998

Ursula Reichling/Dorothee Wolters: *Hallo, wie geht es dir? Gefühle ausdrücken lernen.* Verlag an der Ruhr, Mülheim a.d. Ruhr, 1994

Sabine Seyffert: *Kleine Mädchen, starke Mädchen. Spiele und Phantasiereisen, die mutig und selbstbewusst machen.* Kösel, München 1997

Adressen

Informationen über WO-DE-Kindersicherheitsschulungen:

Internet: www.wo-de.info
E-Mail: office@wo-de.info
Telefon: 04154/994 90 11
Fax: 04154/994 90 13

Beratung und Information für Mütter

- BIG e.V. (Berliner Initiative gegen Gewalt gegen Frauen), Paul-Lincke-Ufer 7, 10999 Berlin
  Tel.: 030/617 09 100, E-Mail: bigteam@snafu.de
- KOFRA e.V. (Kommunikationszentrum für Frauen zur Arbeits- und Lebenssituation), Baaderstr. 30, 80469 München
  Tel.: 089/202 16 36 und im Internet: www.kofra.de
- Koordinationsstelle »Münchner Bündnis Aktiv gegen Männergewalt«, KOFRA e. V.

Beratung und Information über Kindesmissbrauch und Gewalt-Prävention

Hilfe geben folgende Stellen, die in der Regel im örtlichen Telefonbuch zu finden sind: Gleichstellungsstelle für Frauen, Frauen helfen Frauen, Frauennotruf

- Zartbitter Köln e.V., Kontakt- und Informationsstelle gegen sexuellen Missbrauch an Mädchen und Jungen, Sachsenring 2-4, 50677 Köln
  www.zartbitter.de

- Dunkelziffer e.V., Hilfe für sexuell missbrauchte Kinder, Oberstr. 14b, 20144 Hamburg, Tel.: 040/48 48 84, E-Mail: mail@dunkelziffer.de
  www.dunkelziffer.de (Hier bekommen Sie Adressen von Opferanwälten)

- White Ribbon Campaign/Kampagne der Weißen Schleifen (»Men working to end men's violence against women«, kanadische Vereinigung zu Männer- und Jungenarbeit), www.eurowrc.org, www.whiteribbon.ca

Speziell für Österreich:

- Aktionsgemeinschaft der österreichischen Frauenhäuser, Tel.: 01/544 08 20, E-Mail: aoef@xpoint.at

Speziell für die Schweiz:

- Kontaktstelle Opferhilfe, Sozialdepartement der Stadt Zürich (Marlene Eggenberger), Amtshaus Helvetiaplatz, Postfach, 8026 Zürich, Tel.: 01/246 61 11

Für die Inhalte der angegebenen Web-Seiten übernehmen wir keine Verantwortung.

Kinder stark machen
fürs Leben

Lucie Hillenberg
**STARKE KINDER –
ZU STARK FÜR DROGEN**
180 Seiten. Spiralbindung
ISBN 3-466-30464-4

Susanne Stöcklin-Meier
**WAS IM LEBEN
WIRKLICH ZÄHLT**
220 Seiten. Gebunden m.
Schutzumschlag
ISBN 3-466-30638-8

Ingrid Dykstra
**WENN KINDER SCHICKSAL
TRAGEN**
176 Seiten. Gebunden m.
Schutzumschlag
ISBN 3-466-30575-6

Sabine Seyffert
**KLEINE MÄDCHEN,
STARKE MÄDCHEN**
96 Seiten. Gebunden
ISBN 3-466-30444-X

Kompetent & lebendig.
LEBEN MIT KINDERN

Kösel-Verlag, München, e-mail: info@koesel.de
Besuchen Sie uns im Internet: www.koesel.de